もう一人の彼女
李香蘭／山口淑子／シャーリー・ヤマグチ

もう一人の彼女

李香蘭／山口淑子／シャーリー・ヤマグチ

川崎賢子
Kawasaki Kenko

岩波書店

はじめに

一九三〇年代から五〇年代にかけて、彼女は旧満洲国、上海租界、日本、ハリウッド、香港の各映画界で活躍する国際派スターだった。

彼女の美貌と美声が銀幕で輝いた時代は、日中戦争、太平洋戦争、植民地、租界、占領、冷戦といった、国家間の衝突と緊張関係にひとびとが翻弄された時代でもある。この時代に映画は大衆娯楽の王座にあり、戦時の総動員体制にあってはかっこうのプロパガンダの媒体だった。彼女の身体、彼女の卓越した語学力は中国大陸ではぐくまれたものだが、中国で生まれ育った日本人女優としてではなく、日本語と日本文化に通じた親日派の中国人女優・李香蘭のものとして、その才能を発揮する場をあたえられた。

現在、彼女を知りたいとおもう読者には、『李香蘭 私の半生』を筆頭に複数の自伝が残されている。いずれも名著である。生前、彼女について書かれた文献資料のもっとも熱心な収集家にして読者だったのは、彼女自身であったとも伝えられるほどで、文献と証言を駆使して自身の体験を歴史のなかに位置付けようとする知的な誠実さにつらぬかれている。なかでも『李香蘭 私の半生』は、単純な〈私語り〉ではない。優秀なジャーナリストで小説家でもある藤原作弥氏との共著という形式で、自身の記憶との対話、文献資料との対話、そして藤原氏との対話が重ねられた成果であろう。問題提起の多い、刺激的な読物である。読者に多くを問いかけ、また読者もテクストに対して問いを発したくなる。二〇世紀文化史の謎がそこここに散りばめられている。

表現が表現として自立し自律しようとする力が、なんと多くの対立する政治的な思惑、検閲、文化工作、プロパガンダ、情報戦略によって利用され、時に圧力をかけられ、干渉され、それらの葛藤力学の上に成り立っていたことか。表現の意味することがスクリーンの上だけでは完結しえない時代だった。

彼女が語った数奇な人生には驚かされるが、そこには自身の軌跡や交友関係をよりドラマティックなものとして語り直そうとするような虚栄はかけらもない。むしろ華やかなロマンスの数々についても、要人との交友についても、実父および養父たちをはじめとする保護者たちの日中戦争時における政治的な影響力についても、ごくひかえめにしか語られていない。彼女自身の映画女優としてのキャリアについても、たとえば一九五〇年代の香港映画および東南アジア映画界における李香蘭ブームのことなど、ほとんど語られていないにひとしい。

それが語り落とされていることによって、李香蘭イメージは日中戦争下のものに限定され、戦時下の「李香蘭」と戦後の「山口淑子」そしてハリウッド映画の「シャーリー・ヤマグチ」がそれぞれ別の時期、別の場所の、彼女の異なる顔をあらわすかのように囲いこまれてうけとられるきらいがある。だがそれらは日中戦争の終結後も、日本と中国語文化圏で、そしてアメリカで、越境し、延命し、いくたびも息を吹き返した、重層する彼女の複数の顔、複数の名前だった。本書では、彼女の生きた時代、生きた場所、その越境の軌跡を総合的にとらえ直し、分析するために、日中戦争、太平洋戦争、GHQ占領期、冷戦期を、分断するのではなく「貫戦期」(Trans-war Regime)としてその境界、その結節点を、解きほぐしていきたい。

そういえば彼女の生前インタヴューの折、ちょうど何度目かの「李香蘭」テレビドラマの製作が進行中だった。若き日の李香蘭を演じる華奢で愛らしい主演女優について感想を求めると「あのかたは中国語がちょっと、ね」と言葉を濁した。彼女の半生は、舞台で、映像で、いくたびも再現されたが、ドラマのなかの「李香蘭」は、才気煥発で政治的な嗅覚が鋭く生命力にあふれたもう一人の彼女に届いてはいない。「李香蘭」イメージを強力につくりあげたのは彼女自身だったけれども、その半面、一人歩きするイメージとは別に、みずから語ろうとして語りつくすことのできない〈私〉、語ったとしても理解をえることの困難な〈私〉について、もどかしさをも、おぼえていたのではないだろうか。

彼女の生きた時代を掘り起こさなければ、彼女をよりよく知ることはできない。

彼女の隠された顔をよりよく知ることが、わたしたちの歴史をより深く理解することに通じるように願う。

もう一人の彼女

目次

第1章 「李香蘭」誕生と「父」たち

1 語る李香蘭——山口淑子インタビュー

山口淑子さんには生前、インタヴューをさせていただいたことがある。20世紀メディア研究所の機関誌『Intelligence』八号(二〇〇七年)の特集〈満州における文化メディアと統治〉の特別企画として活字になった「語る李香蘭——山口淑子インタビュー」がそれだ。企画の立案者は谷川建司氏で、『李香蘭 私の半生』(新潮社 一九八七年、新潮文庫 一九九〇年)の共著者である藤原作弥氏にお願いして山口さんをご紹介いただいた。二〇一四年九月七日、山口さんが逝去され、NHK「クローズアップ現代」が「李香蘭 激動を生きて」(二〇一四年一〇月二一日)を放映した際に、このインタヴュー映像が使われている。番組は、中国人女優「李香蘭」として旧満洲国と日本で、ついで上海租界地区から中国全土に知られる大スターとなったこと、引揚げ後の女優「山口淑子」としての活躍、「シャーリー・ヤマグチ」としてのハリウッド進出、外交官と結婚し一時引退した後のジャーナリスト「大鷹淑子」としての再登場と政治家への転身、パレスチナ問題に関心を寄せ現地では「ジャミーラ・ヤマグチ」と親しまれたことなど、「一身で五生」を生きた――と、彼女の波乱にみちた生涯がたどられた。

「語る李香蘭」のインタヴューを終え、次にお目にかかる機会があればGHQ占領期のお話をうかがいたいと願い、山口さんもうなずいていらしたのに、お話をうかがうことなく過ぎたことが悔やまれる。

当時の満洲映画協会(略称・満映)が中国人女優として売り出した李香蘭は、東宝の看板俳優であった長谷川一夫と共演した、いわゆる「大陸三部作」(『白蘭の歌』一九三九年、『支那の夜』一九四〇年、『熱砂の誓ひ』一九四〇年)で人気を博し、一九四一年の来日公演時には折しも二月一一日の紀元節だというのに有楽町の日本劇場を七まわり半もとりかこむ観客の騒ぎに、消防車が出動して散水したという。

「大陸三部作」では、長谷川一夫演じるところの誠実な日本青年との恋愛を通じて親日派に変容する中国人女性の役を李香蘭が演じた。日本語を巧みにあやつる親日派として宣伝された女優・李香蘭イメージと二重写しのメロドラマは、日中戦争下の日本人の願望を充足するかのような物語だった。一方、上海発の映画では一九四三年に『萬世流芳』に出演。こちらは、アヘン戦争時に大英帝国に抗った英雄・林則徐を描き、中国の観客は、敵国としての大英帝国の像に、当時の大日本帝国の像を重ねたのだと解釈されている。映画のなかで李香蘭が歌った「売糖歌」は中国人の観客にも広くうけいれられた。

一九四四年に満映専属を辞して上海に拠点を移した李香蘭は、一九四五年八月をそこで迎えた。自伝が伝えるところによれば、漢奸《かんかん》(中国を売った中国人)の疑いで裁かれた彼女は、日本国籍であると証明されて、からくも刑をまぬかれ、山口淑子として一九四六年、日本に帰国した。

自伝『李香蘭 私の半生』についで『「李香蘭」を生きて――私の履歴書』(日本経済新聞社、二〇〇四年)でも、中国と日本というふたつの国の対立の歴史に翻弄され動揺させられた半生について語られている。

二〇一八年に世を去った浅利慶太主宰の劇団四季のミュージカル『李香蘭』(一九九一年初演)も、二〇世紀の戦争と彼女のアイデンティティの揺らぎに焦点をあてた。

これまで「李香蘭」研究のほとんどは、彼女の自伝の語りを証左として成り立っていた。映画女優としてのイメージについても、その言説とシンクロする、あるいはたがいに補完する形で解釈されることが多かった。

『李香蘭 私の半生』(単行本)新潮社, 1987 年

じっさい『李香蘭 私の半生』は、藤原作弥氏の綿密な調査と、山口淑子の歴史に向かいあう真摯な姿勢とがあいまって、充実した読物となっている。『「李香蘭」を生きて』の方は、政治家としてのライフワークとなった動物愛護、慰安婦補償、パレスチナ問題に言及し、漢奸裁判で山口淑子の命を救ったロシア人の友

リューバとの再会や、川島芳子裁判記録などが明らかにされている。政治に翻弄された語り手は慎重かつ賢明に、歴史の審判に耐えうる言葉を選んでいる。嘘はない。しかしながら、研究批評の視角から精読すると、何かが語り落とされているような、あるいは重大なことがらがありがちな些細なことがらであるかのようにさらりと語られすぎているような、いぶかしいおもいにとらわれることが、ままある。

たとえば彼女は、中国を日本に売った「漢奸」容疑で裁判にかけられたにもかかわらず、リューバが北京の両親からことづけられた戸籍謄本のおかげで日本人であることが証明され解放されたという。自伝でドラマティックにくりかえし語られ、ミュージカル『李香蘭』のクライマックス・シーンでもある。日本人であることが証明されたおかげで「漢奸」の罪を負わずに済んだ彼女と、日本人・川島浪速の養女として日本で教育を受けたにもかかわらず「漢奸」として処刑された川島芳子と、二人の人生が対照的に語り継がれてもいる。

一九四五年九月九日から年末にかけて、蔣介石政権の支配のもとで「漢奸」と呼ばれた南京政府関係者の「粛奸」が展開され、漢奸容疑者として逮捕されたものは四六九二名、裁判にかけられたものは四二九一名という。[注1] 益井康一『新版 漢奸裁判史』(劉傑解説、みすず書房、二〇〇九年)は、「漢奸裁判は民国三十五年(昭和二十一年)四月上旬から首都(南京)、江蘇、上海、河北、天津、済南、厦門その他各省の各高等法院において、一斉に開かれた」(二八ページ)という。

だが彼女は一九四六年三月末には帰国の途についている。つまり、漢奸裁判の開始以前に帰国しているのである。

『李香蘭 私の半生』は、満洲映画協会のスター女優・李明が北京で懲役五年の判決を受けたこと、上海では『萬世流芳』で彼女と共演した陳雲裳のほか陳燕燕、李麗華らが連行されたことについて、益井氏の『漢奸裁判史』を引用して紹介している。それに続いて「陳雲裳、陳燕燕、李麗華らが連行されたというのに李香蘭が逮捕されないのはおかしい、と一般中国市民が訝《いぶか》るのは当然である」(新潮文庫版、以下引用は同じ、三四八ページ)と、彼女をおびやかした世論のありさまを示している。

だが、益井氏『漢奸裁判史』によれば、くりかえすが、漢奸裁判の始まりは、彼女の帰国後の一九四六年四月上旬であり、陳雲裳、陳燕燕、李麗華らが上海高等法院に召喚されてそれにファンが群がったのもそれ以後のこと、李明に判決が下ったのは同年九月二五日のことである。すでに李香蘭は中国にいないのだから、その時系列を覆して、「陳雲裳、陳燕燕、李麗華らが連行されたというのに李香蘭が逮捕されないのはおかしい、と一般中国市民が訝る」事態は、もはや起きようもなかったはずである。『「李香蘭」を生きて』の年譜には一九四六年「二月中旬、軍事裁判所法廷で無罪宣告、国外退去宣告」と記されている。それはどういう法廷だったのか。李香蘭こと山口淑子は、はたして「漢奸」として逮捕されたのか、裁判にかけられたのか、その経緯を伝えるのは彼女自身の証言だけであり、傍聴者の言葉も、裁判記録も残されてはいない。いまのところ中国側からの裁判資料も出てきてはいない。

ミュージカル『李香蘭』も、再三テレビドラマ化された「李香蘭」物語も、一九四六年、彼女が死地を脱して日本に帰国するところで大団円を迎える。戦後の彼女は、国策に利用され日本人であるにもかかわらず中国人と偽った女優「李香蘭」を捨てて、日本人・山口淑子として再出発をする、と。戦中と戦後の断絶が強調される。

彼女がまだ開始されていない「漢奸裁判」で裁かれた〈私〉について、繰り返し語った意図はどこにあるだろうか。正規の「漢奸裁判」ではないものの、中国の世論や風評を考慮すれば、いつ断罪され命を奪われてもおかしくはなかったという恐怖をいいたかったのか。あえて「漢奸裁判」にかけられたという汚名とともに過去の李香蘭を捨てようとしたのだろうか。あるいは李香蘭の過去は「漢奸裁判」という公的な審判(国民党政府のではあるものの)を受け、しかもそこで中国人によって無罪とされたのだ、あらたな〈私〉を生きなおす許しを受けたのだといいたかったのだろうか。

2 「李香蘭」誕生

そもそも「李香蘭」はどのように誕生したのか。

晩年の山口さんは、「李香蘭」の芸名について、父の友人の李際春氏と中国の慣習にならって養子縁組をした際に与えられた名前であることを強調し、だから、もともとは「満洲新歌曲」の歌手としての奉天放送局デビュー(一九三三年)とも、まして満洲映画協会の女優としての売り出しにも、満映理事長の甘粕正彦の戦略とも、なんらかかわりはなかったのだと強調している。

「語る李香蘭」のインタヴューにおいても、当時の満洲国の国策という大きな枠組みのことなど

「小学校六年生ではそんなことは考えない」と主張し、「宣撫工作」「文化工作」という概念をインタヴュアーが持ち出すと「全然そうではないですよ。あなたは悪い方に悪い方に取ろうとなさる」と退けた。

『李香蘭　私の半生』は、「李香蘭」誕生前後について次のように語る。

父・山口文雄と母・アイの長女として一九二〇年二月一二日、中国東北部(旧満洲)現在の遼寧省の省都瀋陽(旧奉天)近郊の北煙台に生まれた。父・文雄は一八八九年生まれ、佐賀県出身で父方の祖父・博は士族出身の漢学者だった。文雄も漢学を学び、日露戦争終結の翌年一九〇六年に中国に渡り、北京の同学会で中国語を学んだ。母は福岡県出身で旧姓石橋、母方の祖父・近次郎は廻船問屋を営んだが、事業が不振で朝鮮の京城(現ソウル)に渡り、のち中国、撫順に移り住んだ。

アジア経済研究所図書館が公開する「戦前・戦中期日本関係機関資料デジタルアーカイブ」の南満洲鉄道株式会社社員録を参照すると、明治四二(一九〇九)年三月一日現在の名簿より大正七(一九一八)年二月一日現在の名簿まで山口文雄は「撫順炭鉱、坑務課」に在籍、大正八年八月一日現在の名簿で撫順炭鉱の「煙台支坑」に異動、大正九年八月一日現在の名簿より大正一二年七月一日の名簿までおなじく「煙台採炭所」の職員として名前が掲載されている。大正一四年八月一日現在の社員録以降名前が消える。『李香蘭　私の半生』によれば、一九二〇年、彼女は北煙台に生まれ、生後まもなく撫順に引っ越した。そのころ父は「満鉄顧問、撫順県顧問といった曖昧《あいまい》な肩書き」(一三ページ)で、満鉄研修所の中国語夜間講座の講師を務めていたという。家族が増えるなかで、満鉄の正職員から、曖昧な身分に異動することになった理由はよくわからない。

一九三一年三月満洲事変、一九三二年に満洲国建国、同年九月に楊柏堡事件として彼女が記憶する抗日ゲリラによる撫順炭鉱襲撃事件とそれに対する日本側の報復としての平頂山事件が起こる。九月一六日の朝、ゲリラの手引きをしたと疑われた苦力頭が拷問のうえ惨殺されるのを目撃した。火の恐怖と血の恐怖が記憶に刷りこまれる。

事件の後、通敵を疑われた父・山口文雄は憲兵隊に拘引されて取り調べを受けた。「中国人に友人知人の多かった父は、匪賊の頭目たちと話しあいによる和平工作をしていた、とみなされたのだった。／当時、撫順は、炭鉱、製鉄をはじめ満州の鉱工業の最大の拠点だったために、各種匪賊が攻撃目標として狙っていたが、国士肌で中国語ができ、民情にもつうじていた父は、その襲撃を未然に防ぐため、本気で和平工作を考えていたのかもしれない」（『李香蘭　私の半生』二八―二九ページ）と。

そして一家は、父の友人、李際春をたよって奉天に移り住む。奉天では李際春将軍の世話で、将軍宅の隣家、奉天市小西辺門外商埠地三経路聲宣里一一一号に、将軍の第二夫人と同居した。小西辺門外は大和区と瀋陽区の境にあたり、商埠地、つまり各国領事館が立ち並ぶ外国人居留地にあったという。「父の新しい肩書きは、大同炭鉱顧問で、北京門頭溝炭鉱参与も兼ね、奉天を拠点にしながらも必要があれば満州各地を動きまわっていた」（同書、三三ページ）と語られる。一九三三年の春節に、彼女は李際春将軍と親子のちぎりをむすび乾姑娘（義理の娘）として迎えられ「李香蘭」の名前をもらう。「香蘭」は父・文雄の俳号であり、蘭は(いわゆるオーキッド類ではなく、フジバカマに由来するが)旧満洲国の国章でもあった。

山口文雄が若き日に北京「同学会」で中国語を学んでいたころに知り合い、肝胆相照らす間柄になったという李際春将軍とは何者か。

『李香蘭　私の半生』によれば、当時は奉天の瀋陽銀行総裁、『「李香蘭」を生きて』によれば、「山東省を拠点とする元親日派軍閥の領袖で、「満洲国」建国や関東軍の作戦にも協力した人物。当時はその功績から瀋陽銀行総裁に任命されていた」(二〇ページ)という。「父が李将軍の招きで奉天に移ったころ、将軍は、軍閥という〝無頼漢〟稼業から足をあらい、財界人として悠々自適の生活を送っていたのだろう。私にとってはとなりに住む好々爺《こうこうや》だったが、半世紀たった今、大物の漢奸の過去をはじめて知り、呆然とした」(『李香蘭　私の半生』三八―三九ページ)という。

が、ここに語られた時系列には齟齬がある。国立公文書館がウェブ上で公開しているアジア歴史資料センターで「李際春」を検索すると二〇一八年八月現在で一八件、別名の「丁強」では三六件もの資料がヒットする。

李際春は回族出身で一八七七年生まれ、貧困のなかから軍人として頭角をあらわした。満洲事変の年、一九三一年一一月、土肥原賢二(一八八三―一九四八)が清朝最後の皇帝・愛新覚羅溥儀(一九〇六―一九六七)を満洲国皇帝に担ぎ出すために、隠棲先の天津から脱出させた。このとき日本側の工作者が土肥原の腹心・甘粕正彦(一八九一―一九四五)である。川島芳子は溥儀の妻・婉容(一九〇六―

一九四六）の護送にあたった。李際春は中国側の協力者として決死隊を率い、陽動作戦として暴動事件を起こした。いわゆる天津事件である。

一九三二年の満洲国建国後、一九三三年一月山海関における日中衝突を皮切りに関東軍が開始した熱河作戦に、丁強こと李際春は自身の軍を率いて関東軍に協力している。[注2] 彼の指揮する軍は丁強軍あるいは救国軍と呼ばれた。川島芳子が東洋のマタ・ハリ、満洲のジャンヌ・ダルクとメディアに喧伝されるようになったのは、この熱河作戦に、安国軍（定国軍とも呼ばれた）総司令として参戦して以来のことである。日本とともに戦う清朝の王女という川島芳子イメージは、関東軍によって大いに利用された。

一方、丁強軍はじっさいに戦功をあげただけではなく、熱河作戦にとどまらない野心ものぞかせていた。外交史料館の「松本記録」昭和八（一九三三）年四月八日から二〇日の部には、丁強こと天津事件における李際春について、「関東軍及天津軍に於ては彼を利用し北支新政権の樹立を企図したるものの如く彼を援助したき趣旨の来電ありたるも参謀本部に於ては厳重之を差止め」[注3] たとの情報がある。万里の長城を越えて北京に迫ろうとする関東軍には長城線への撤退が命じられた。

五月三一日、日本は中国国民党とのあいだで塘沽協定を結び、これが実質上の満洲事変の停戦協定となった。が、李際春将軍は、彼の指揮する救国軍武装解除を容易に受けいれず、関東軍撤退地域の接収上の障碍とも報じられた。条件闘争が続き、ようやく七月の大連会議で合意がみられる。丁強軍から警察隊（河北省政府の軍隊）へ四千人が改編兵力として異動し、武装解除解散人員は八千人、

これに必要な諸費用を日本が負担した。[注4]

自伝によれば、山口一家が撫順から奉天に引っ越したのは、撫順炭鉱事件の後に父・文雄が、通敵行為の容疑は「晴れたが撫順には居づらくなった」ため、一九三三年のことという(『「李香蘭」を生きて』二〇ページ)。

一九三三年は、満洲国の国策に従って「満洲新歌曲」を歌う奉天放送局専属歌手・李香蘭がデビューした年であると語られる(『李香蘭　私の半生』五一ページ)一方で、李際春将軍の養女として、「李香蘭」の名前を与えられたその翌年に「私はこの「李香蘭」の名前で歌手」となった(同書、三八ページ)とも語っていて、混乱させられるが、『「李香蘭」を生きて』によれば、奉天への転居、李将軍との養子縁組、歌手デビューはいずれも一九三三年のこととされている。一九三三年八月満洲電信電話株式会社(略称・満洲電電)が創設され、関東軍が開設した奉天の放送局は満洲国交通部を経て、満洲電電に継承された。その秋から放送が開始された「満洲新歌曲」の歌手として李香蘭はデビューしたのである。

李際春との養女縁組の儀式は春節のころという。一九三三年の春節は一月二六日である。山口一家の奉天の李将軍の邸への引越しは、それ以前ということになる。

李際春が山口家のひとびとを奉天に招いた時点では、まだ彼は丁強軍の指揮者だったはずである。それから半年以上のあいだ、李将軍は日本にとって手強い交渉相手で、私兵の削減と再編、鉄路の安全確保を要求する日本側に対し、それにともなう費用の負担を求め、日本側は手こずらされている。

「李香蘭」が誕生した一九三三年春節のころ、李際春が「財界人として悠々自適の生活」をおくる「となりに住む好々爺」であったはずはない。瀋陽銀行創設は一九三六年のことである。

3 父、山口文雄とは何者か

とすれば、満洲事変を経て建国はなったものの情勢がきわめて不安定な時期に、土肥原賢二の工作の協力者であり、熱河作戦の同伴者であり、塘沽協定以後はやっかいな交渉相手となった李将軍に招かれた山口文雄とは何者か。時が時だけに、李将軍が日本人家族を招くにはそれなりの理由があったに違いない。

自伝によれば、父・文雄は同学会時代に北京でこの大人物の知遇を得たのだという。同学会は、一九〇三年、北京で日本人を対象とする中国語学校として創設された「支那語研究舎」を濫觴とする。文部省の招聘に応じて東京外国語学校などで講師を務めた金国璞が一九〇三年北京に帰ったのを機に、東京外国語学校清語科出身の山本滝四郎、上田三徳、古賀邦彦、林要五郎が発起人となり、北京東単二条胡同にあった金国璞の私宅を学舎として支那語研究舎が出発した。運営資金は、授業料の他に、服部宇之吉、日本駐北京公使館・鄭永邦、高等警務学堂・川島浪速らの寄付金でまかなわれた。内田康哉駐清国公使からも寄付があったという。[注5]

同学会を支援した服部宇之吉(一八六七―一九三九)は、当時東京帝国大学教授を経て京師大学堂速成師範館の正教習として北京に赴任していた。一九〇五年に支那語研究舎が小紗帽胡同東端に移転し、清語同学会に改編された際に会長に就任する。清語同学会の基金は一九〇五年一一月に北京を訪れた小村寿太郎から出たという。服部はその後一九二六年京城帝国大学総長、一九二九年東方文化学院理事長、一九三三年日満文化協会理事を歴任している。

鄭永邦(一八六三―一九一六)は東京外国語学校卒業、日清戦争後の一八九五年講和条約(下関条約)で伊藤博文の通訳、日露戦争後の一九〇五年に日清間で満洲善後条約がむすばれた折には小村寿太郎の通訳を務めている。北京公使館勤務を経て中華民国政府顧問に招かれた。

川島浪速(一八六六―一九四九)は、満蒙独立運動を画策し、情報戦に暗躍した大陸浪人の巨魁として知られる。清朝の第一〇代粛親王の顧問となり、その第一四王女を養女とし、一九一五年日本に迎えた。これが川島芳子である。川島浪速は清語同学会では評議員を務めた。

彼らが同学会にかかわり、物心両面でこれを支えたのは、中国語教育や研究の発展のためという、政治的にニュートラルな動機だけではない。鄭永邦の経歴をみてもわかるように、戦争の時代には、通訳という仕事も国際政治において重要な役割を果たす。日露戦争時に従軍した出身者も多かったと伝えられる。中国語のできる人材が日中間の情報戦において求められるからこそ、川島浪速も肩入れしたのだろう。一九一〇年代には公使館補助奨励金制度が導入された。外務省や三井物産、南満洲鉄道株式会社などから留学生を受け入れるようにもなった。

清語同学会は一九一二年に大日本支那語同学会、一九二五年に北京同学会語学校と改称したのち、一九三九年北京興亜学院として改組され専門学校に昇格、一九四四年に北京経済専門学校と改まったところで、日本の敗戦を迎えた。

　山口文雄が、大陸に渡って、空白期間なしに入学したとしたら、同学会の時代ということになる。大日本支那語同学会の後期には修業年数が三年と定められたようだが、山口の在籍期間はつまびらかではない。いずれにせよ、一九〇八年三月時点で清語同学会会員は二十数名、寄宿会員一〇名という小所帯で、寄宿舎では自炊という密度の高い留学生活を送った彼らの絆は強いものだったろう。学徒・山口文雄がこの時期に同学会評議員の川島浪速となんらかの接点を持った可能性は高い。川島浪速をあいだにはさんではじめて、山口文雄が、李際春や潘毓桂といった大物の軍人、政治家と親交を持ったゆえんがみえてくるようにもおもう。

　山口淑子自伝によれば、彼女と川島芳子との出会いは盧溝橋事件後に芳子が天津で経営した東興楼のパーティー、おりから天津滞在中の父親に連れられて出席した会の席上だった。「父が自己紹介したあと「長女の淑子です」と、私を紹介した」(『李香蘭 私の半生』九二ページ)という。父・山口文雄のところには「特務機関の青年たち」が出入りしていたとも語られている。「北京派遣軍司令部報道部宣撫担当中国班長陸軍少佐」「北京 武徳報新聞公司総経理 王嘉亨」と、二葉の名刺を使い分ける山家亨もまた、山口文雄のもとに出入りしていた。山家は川島芳子との恋愛関係でも知られている。川島芳子、山家亨と山口文雄との関係も、川島浪速と山口とのあいだに連絡があったと考えると腑に落ちる。山家は奉天放送局開設、満洲映画協会設立にもかかわった。満映女優「李香

蘭」誕生の道筋をつけた一人である。[注6]

満洲国、日中戦争時の情報戦にかかわる重要人物と山口文雄はなぜか通じていた。山口淑子自伝においては「親日」「親中」あるいは「友情」の概念におおわれている彼らの関係ではあるが、それだけで説明がつくとは考えられない。親しみと情愛で近づくには、相手は大物にすぎる。あるいは、これまで伝えられていた以上に山口文雄が重大な任務を帯びていたのかもしれない。「友情」というあいまいな靄をはらいのけて「情報戦」の概念で読み直すと、視界がよりはっきりすると考えるのは、うがちすぎだろうか。

撫順から奉天に転居したのち、山口文雄は炭鉱の仕事で奉天と北京のあいだを頻繁に往還し、満洲各地をたずねていたという。「大同炭鉱顧問で、北京門頭溝炭鉱参与」を兼任するという肩書きだったと自伝は語る。大同炭田は山西省に位置する。大同市の北は内モンゴルに接し、雲崗石窟の遺跡で知られる。大同炭田は中国でも最大級の規模を誇り、日本も古くから関心を寄せ一九一九年には農商務省臨時産業調査局が炭田地質図を作成している。一九三八年には久保孚が『大同炭田開発論並ニ其ノ計画案』を著して大同炭田を鉄道付帯事業として開発経営すべきことを訴えている。炭田調査は満鉄と蒙疆自治政府が共同で行っていた。もっとも、大同炭田の接収が成就し、蒙古聯合自治政府、北支那開発株式会社、南満洲鉄道株式会社の出資により満蒙特殊法人大同炭鉱株式会社が設立されるのは一九四〇年一月になってからである。本部は張家口に置かれた。[注7]門頭溝炭鉱はイギリスと中国が合弁で開発しており、満鉄が一九二〇年代からこれを調査していたが、日本は一九三七年の日華事変の後に軍事占領にとりかかる。その後、北支の炭鉱開発は興安院が手がけることになる。

一九三三年、一家が奉天に移り住み、父が新しい肩書きを得たというころ、大同炭鉱株式会社はいまだ存在せず、北京門頭溝炭鉱も日本のものではなかった。日本人採用枠ではなく中国人枠で採用されたということでもないだろう。では、山口文雄はいったいどんな仕事のために、満洲各地を歩き回り、奉天と北京のあいだを往き来していたのだろう？

一九三四年五月、山口淑子は父の意向で一人北京に旅立つ。このとき父は「仕事の都合で先に出発してしまい」、彼女は「これからは中国人として生活するのだから、慣れるように」(『李香蘭 私の半生』五六―五七ページ)と、彼女以外すべて中国人の硬席車に乗せられた。彼女は中国人のふりをして乗車し、満洲国と中華民国の境界である山海関を越えるときには、所持金を奪われないように便所に隠れた。あたかもイニシエーション(成人儀礼)の試練のような体験である。

「「満洲」と「中国」の国境の町・山海関は前年一九三三年の一月、日中両国軍が武力衝突し、一時は鉄道が遮断された地点だった」(同書、五七ページ)と記されている、その武力衝突の鍵を握る一人が、他ならぬ養父・李際春だった。

彼女は北京では華北政界の大物である潘毓桂宅に寄宿し、潘氏の養女、潘淑華として、北京のミッションスクール翊教(イイチャオ)女学校に進学する。

この潘氏もまた、山口文雄の北京時代からの知己であり、李際春とも友人関係にあった。潘毓桂

（一八八四―一九六二）は河北省出身、広西の知事を務めたこともある潘文楼の息子である。早稲田大学に留学して法律を学び、帰国後、内外城警庁検事、国務院法制局参事、江蘇省督軍署政学参議を歴任した。一九一七年には直隷派に属して景徳鎮統税局長、一九二三年以後は蒙蔵院副総裁、国務院参議、津浦鉄路局副局長等の要職についた。潘と李際春との関係については、昭和八（一九三三）年六月一五日に天津の桑島主計総領事が入手したとして内田康哉外務大臣にあげた情報の手書きメモのなかに「当地（引用者注・天津）ニアリテ李ヲ操リ居ル瀋敏桂」[注8]とあるのが、おそらく「潘毓桂」の誤記である。つまり塘沽協定後も北支を狙って李際春が武装解除を渋るその背後に潘毓桂がいた、そういう関係ということになる。

一九三三年一一月には李際春の武装解除の問題がようやく片付いて、翌一九三四年三月には溥儀が満洲国皇帝の座につく。そして一九三四年五月から一九三八年春に女学校を卒業するまで、潘淑華として彼女は北京に滞在した。

日中全面戦争の端をひらいた一九三七年七月七日の盧溝橋事件も彼女の北京留学中の出来事だった。

学校で中国語と一般教養を身につけるかたわら、家では潘氏の秘書見習いをしたというのだが、その内実はたとえば以下のようなものだった。

宋哲元氏など偉いかたが見えると、門番からの連絡で門房まで出迎え、いくつもの院子をぬけて奥の正房まで案内する。会談が終われば、またその逆の経路で見送るだけのことである。

宋氏のほか王克敏《おうこくびん》氏とか呉佩孚《ごはいふ》（ママ）将軍とか、そうそうたる顔ぶれが出入りした。

奥の院の正房の客室には、使用人の出入りが制限されていたらしく、身のまわりの世話はほとんど東娘と私たち三姉妹だけでこなした。要人たちの話が外部にもれないようにとの配慮だったのだろう。

用談中はもっぱらお茶の給仕をしたが、場合によっては、阿片を調合する（『李香蘭　私の半生』七三ページ）

というようなものだった。東娘（ドンニアン）は潘氏の第一夫人、「私たち三姉妹」とは、養女・潘淑華である山口淑子と、同じ女学校に通う潘氏の実の娘たちである。

名前があげられているのは、この時期の日中関係で重要な役割を果たした要人たちである。それぞれ日本に対する立場は微妙に異なっていた。

宋哲元（一八八五―一九四〇）は、一九三二年には察哈爾省政府主席の地位につき一九三三年の関東軍の熱河作戦では張学良とともに抗日戦線を戦う。長城抗戦では李際春（およびその背後にあったといわれる潘毓桂）と対立していたはずである。宋哲元の軍は張家口に師団を置いて、蔣介石政権が認めた日本軍人の通行に対しても挑発的な態度をとった。一九三五年事態の解決のために宋の腹心・秦徳純が中国側代表として、日本側代表の土肥原賢二と交渉する。六月二七日に土肥原・秦徳純協定が結ばれた。宋は罷免されるが、同年の一二月に冀察《きさつ》政務委員会が成立すると、宋哲元が委員長に秦徳純が常務委員兼北平(現・北京)市長に就任している。

盧溝橋事件前夜、満洲国と北平のあいだに広がる地域は、日本側の中国国民党政権に対する華北分離政策の圧力によって緊張をはらみつつ緩衝帯として機能していた。一九三五年一一月通州に成立した冀東防共自治委員会(委員長・殷汝耕)、一二月北平に設立された冀察政務委員会(委員長・宋哲元)が、非武装地帯における緩衝政権だった。冀察の冀は河北省、察はチャハル(察哈爾)省を指す。潘淑華の養父・潘毓桂は、宋哲元が委員長を務める冀察政務委員会の要人であった。宋はこの緩衝政権にあって、対満洲国および日本、対蔣介石の国民党軍、対共産軍の動向を睨みつつ、複雑な舵取りを強いられていた。

王克敏(一八七三―一九四五)は、潘と同様に日本留学経験がある。当時は冀察政務委員会経済委員会主席の座にあり、一九三七年日中戦争勃発後は親日政権樹立の中心的人物となる。

呉佩孚(一八七四―一九三九)は、天津武備学堂の後進にあたる保定市の北洋行営将弁学堂・保定陸軍速成学堂に学んでいる。河北省唐山市開平区に置かれた武備学堂、天津武備学堂の開平班に学んだ李際春の同窓にあたる。洋務派がドイツ将校を招いて近代的な軍人教育を行っていた。日本人講師も多く招かれた。山口淑子が潘氏の養女・淑華として北京に滞在していたころ、晩年の呉佩孚はこの地の親日政権指導者として担ぎ出されようとしていた。工作にあたったのは土肥原賢二である。李際春も盧溝橋事件の後、満洲から北京に出向き、親日政権の要職に就くよう呉佩孚を説得したが固辞された。

『李香蘭　私の半生』では二人の養父・李際春、潘毓桂について、いずれも「親日派」で父の友人であると記している。もっともひとくちに「親日派」といっても一枚岩であるはずがない。それぞれに思惑があり、日本との「親日」の質は、なんのために、どの程度、日本を利用できるかどうかによって相違があり、「親日派」中国人のあいだにも対立があった。

昭和一二(一九三七)年七月から八月にかけての時点で作成された、盧溝橋事件後の処置に関する史料のひとつ「北平市地方維持会簡章」[注9]には、宋哲元政権打倒のために数ヶ月前から重要メンバーが義兄弟の盟をむすんでいるとの手書きメモが付いていて、そのなかに潘毓桂の名があげられている。当時の肩書きは公安局長。文書を作成した北平陸軍機関長は潘について「悪辣」と報告している。盧溝橋事件以前から宋哲元は、日本軍に対する弱腰の姿勢で同胞から突き上げられており、宋哲元おろしの動きもそれにかかわるものだろう。潘氏が日本軍から「悪辣」にみえたとしたらそのためである。潘氏は翌一九三八年一月天津特別市市長に任ぜられるが、日本側の圧力で翌年辞職している。

李氏にそして潘氏に愛娘を託した父・山口文雄の意図はなんだったのだろうか。彼はいかにしてその人脈を築きあげ、なんのために、満洲事変、盧溝橋事件とたびかさなる武力衝突と戦争の時代に、彼らと関係を維持しつづけたのだろうか。

奉天の父のもとに出入りしていた特務機関の青年たちの一人という、姓のみ「愛沢さん」と記された人物は、潘氏が天津新市長に就任したのちに、彼女を連れ出して王府井の高級中国料理店でご馳走してくれた。表向きは北京の治安の悪化をいい、抗日反日運動の高まる北京の潘氏の留守宅に中国人を装って居候することの不都合をいって、潘氏の屋敷を出て転校するように勧めたという。彼女の反応をみながら「潘家の様子や学校の状況をそれとなく探ろうとしているようだった」（『李香蘭　私の半生』八二ページ）。盧溝橋事件前後に潘毓桂と潘氏の邸宅に出入りする要人のはたした役割を考慮するなら、情報将校がそれを探ろうとするのは当然のことである。

それにしても、よくよく考えてみると、家族より先に特務機関の青年が現れて、転居や転校を説得するというのはおかしな話だ。それとも特務機関の「愛沢さん」は、彼女の北京生活についてあれこれ指図する立場にあったというのだろうか。日本軍からすれば一年余りで市長を退任させられる潘氏の利用価値が尽きたころかもしれない。一方で彼女の通う女学校には抗日排日の機運が漲っていたといい、それも懸念される材料だったろう。

自伝によれば、このときの会話のなかでも、愛沢が「父上は、奉天と北京を往来して「大同炭鉱」の仕事をしているが、いずれ北京に落ちつく予定である」（『李香蘭　私の半生』八二ページ）と語ったということになっている。繰り返しになるが一九三八年、まだ大同炭鉱株式会社は設立されていない。「大同炭鉱」の仕事とは、何かの符牒でもあったのだろうか。

養父・李際春は中華人民共和国成立後、天津で漢奸として裁かれたと伝えられるが没年はつまびらかではない。潘毓桂も漢奸として収監され、一九六一年上海で没した。

『李香蘭 私の半生』は、「関東軍が日本人を満州人の女優に仕立てるためにわざわざこしらえた名前という一部に流布された説は事実に反する。芸名の由来は、この養子縁組の命名にあった」(三八ページ)と強調し、養父・李際春、大物漢奸の過去を半世紀後にはじめて知り呆然としたと述べている。一〇代初めの彼女は知らなかったかもしれない。が、少なくとも父親の山口文雄はそれを知っていたはずである。女優としてデビューを飾る前から、彼女のまわりには、日中情報戦の思惑がうずまいていたのである。

注1 劉傑『漢奸裁判――対日協力者を襲った運命』中公新書、二〇〇〇年、一七八ページ
注2 アジア歴史資料センター レファレンスコード A03023867900
注3 アジア歴史資料センター レファレンスコード B02030475200
注4 アジア歴史資料センター レファレンスコード C01002894500
注5 那須清編『北京同学会の回想』不二出版、一九九五年、黄漢青「支那語研究舎の変遷及びその実態――支那語研究舎から北京同学会語学校までを中心として」『慶應義塾大学日吉紀要 言語・文化・コミュニケーション』三九号、二〇〇七年を参照。
注6 旧満洲国、北京、上海の中国人社会に潜入して、情報収集と宣撫を手がけた山家亨は、アヘンと酒と女の生活がたたってさまざまな恨みを買い、北京から上海へ異動させられ、さらに内地に召喚され軍事裁判で名古屋の陸軍刑務所に収監された。戦後の山家の最期について、『李香蘭 私の半生』は、『週刊朝日』一九五〇年二月二六日号の記事、ニュースストーリー「荒廃から死の道 山

口淑子に遺書した男」に従って記述している。
「山家は昭和二十一年に上京、昔の報道部の部下を集めて丸ビルの地下室に文化社をつくり「マッセズ」という労働組合運動のグラビヤ雑誌を発行、ついで「スクリーン・ダイジェスト」にも手をつけたが、いずれも数号で失敗した」(二四七ページ)

文化社をつくったのは、戦時下の宣伝誌『FRONT』の刊行などで知られる東方社の残党である。筆者は東方社の創設者・岡田桑三の評伝『岡田桑三 映像の世紀――グラフィズム・プロパガンダ・科学映画』(川崎賢子・原田健一共著、平凡社、二〇〇二年)をかつて著したことがある。岡田桑三はソ連通として参謀本部に登用されたが、右派に睨まれ身辺に危険を感じて一九四四年夏には満洲映画協会に渡りカラーフィルム開発にたずさわった。李香蘭が満洲映画協会を去ったのと前後する時期である。岡田桑三は俳優としては芸名・山内光、山口淑子主演『わが生涯のかがやける日』(吉村公三郎監督、一九四八年)にも出演しており、満映の甘粕正彦理事長の法要(一九五〇年八月一九日、南品川真了院)には岡田桑三、山口淑子ともに参席者に名を連ねている(山口淑子生前インタヴューでは、岡田桑三の記憶はないとのこと)。

山家亨が「昔の報道部の部下を集めて」文化社をつくり『マッセズ』を刊行したと『週刊朝日』が署名記事を掲載するとは、どうしてこのような情報が流布することになったのか。あるいは山家本人がそのようにふるまったものか。

多川精一『焼跡のグラフィズム――『FRONT』から『週刊サンニュース』へ』(平凡社新書、二〇〇五年)に以下のくだりがある。

『マッセズ』は、「東方社の総務部にいて営業を担当していた井筒有《たもつ》さんが、その発行権と文化社の社名を譲り受けて継続」(一三〇ページ)、「『マッセズ』の編集は山室太柁雄さんが、写真は菊地俊(ママ)吉さんと動員学生だった浅野隆君が担当、レイアウト関係を僕が受け持つ」「井筒さんの主婦の友社時代の同僚、浅野留雄さんが営業担当」(一三二ページ)という陣容だったという。『マッセズ』は一九四六年一二月に創刊されたが一年ももたず翌一九四七年一〇月には休刊に追い込まれた。スタッフはフリーあるいは失業ということになったが、そのころ、井筒の才覚で丸ビルの地下を借り、連絡場所やら暗室やらに使わせてもらったという。

「井筒さんの知り合いらしい人もよく現れた。その中で毎日のように現れていたかっぷくのいい中年男性は、井筒さんが不在でも黙って椅子に腰かけたまま、ほとんど何もしゃべらずに座っている姿が何か不気味だった。

井筒さんが話しかける時、「先生」とか「大佐」とか呼んでいるようだったから元軍人だろうとは予想した。敗戦後のこの時代、正体不明の人は巷にやたら居たが、詮索しないのが礼儀だったから、何か事情がありそうだったが話しかけなかった。

誰も居ない時井筒さんにこっそり「よく来るあの人は誰なんですか」と聞いてみた。

「彼は上海で特務機関の親玉だった山鹿大佐ですよ」と声をひそめて井筒さんは教えてくれた」

(一四二—一四三ページ)

ここで多川氏が「山鹿」と記憶しているのが、「山家亨」だろう。彼は文化社『マッセズ』が休刊になってから現れて所在なげに丸ビルの地下で時間を潰していたようだ。あるいは、どこかから金を引き出すために、自分が文化社の中心人物で『マッセズ』編集にかかわっていたかのように吹聴するようなことがあったのかもしれない。

注7　『北支那開発株式会社及関係会社概要』昭和一五年度、北支那開発、一九四一年
注8　アジア歴史資料センター　レファレンスコード B02030476300
注9　アジア歴史資料センター　レファレンスコード C11110451600

第2章　幻の『支那の夜』を求めて

1　満映女優「李香蘭」の誕生

一九三八年、卒業の二ヶ月ほど前に、彼女の通う翊教女学校は爆破されてしまった。卒業後の進路を考える彼女のもとに、山家亨が満洲映画協会の山梨稔をともなってあらわれる。前年、満洲国の首都新京(現・長春)に発足した満映で歌手を探しており、李香蘭の「満洲新歌曲」を耳にしたマキノ光雄が彼女に白羽の矢を立てたということだった。吹替え歌手のつもりで新京を訪れた彼女は、あっという間に『蜜月快車』の主演女優としてカメラの前に立たされてしまった。

山梨稔に「李香蘭を口説《くど》けるのは北支派遣軍報道部の山家少佐しかいない。中国の映画界にくわしいだけではなく、李香蘭の父親とも親しい間柄、と知恵をつけてくれたのは、新京の関東軍報道部の柴野少佐」(『李香蘭　私の半生』一〇六ページ)だったという。

柴野少佐とは柴野為亥知(一八九六―一九五九)、満映設立の準備段階から委員を務めた人物である。「大建設の歌」「防空青年の歌」「おらが亜細亜」「海南島攻略の歌」「興亜の歌」「行軍の唄」などの作詞家でもあり、映画に関するエッセイも残している。SF作家・柴野拓美(一九二六―二〇一〇)の父にあたる。

山梨稔(一九〇五―一九九〇)はPCL(現・東宝)を経て満洲映画協会創設にかかわり、業務部長、総務部長兼北京支社長などを歴任した。一九三九年に甘粕正彦が満映理事長に就任すると降格され帰国している。

関東大震災直後、大杉栄と伊藤野枝、そしてわずか六歳であったその甥・橘宗一を惨殺した罪に問われた過去を持つ甘粕正彦を満洲映画協会理事長に強く推したのは、総務庁弘報処長・武藤富男と総務庁次長・岸信介だった。

山梨稔は戦後も長く映画プロデューサーとして活躍した。新東宝では『天皇・皇后と日清戦争』(一九五八年)などを手がけた後、東映動画に転じている。

『蜜月快車』は上野真嗣監督でマキノ光雄の製作、『のぞかれた花嫁』(大谷俊夫監督、原作・脚色小国英雄、日活、一九三五年)のリメイク映画だった。『のぞかれた花嫁』の主題歌としてヒットした「二人は若い」(サトウ・ハチロー作詞、古賀政男作曲、ディック・ミネ、星玲子歌唱)を「妙な中国語の翻訳」で、李香蘭が歌ったという。当時の満映の娯民映画(娯楽劇映画)にはこうした日本映画のリメイクものが多かった。大谷俊夫も東宝を経て満映に入社し、一九三九年には李香蘭主演で『冤魂復仇』『東遊記』を撮っている。『東遊記』は東宝との合作だった。

李香蘭はあっという間に満洲映画協会を代表するスターとなった。一九三八年一〇月には主催満洲新聞社、後援満洲国政府・南満洲鉄道株式会社・満洲重工業開発株式会社により日本橋高島屋で開催された満洲資源博覧会の記念余興大会で公演するために、満映を代表する女優として、はじめて日本の土を踏んだ。「満洲建国博覧会に満映代表の日満親善女優使節として私と孟虹《モンホン》が選ばれた」(『李香蘭 私の半生』一二八ページ)と記憶されているのは、この博覧会である。このとき、引率した山梨稔が、後年の東宝との合作映画の橋渡しをした。李香蘭を主演とする満洲映画協会と東宝の合作映画の計画は着々と進行していた。

「大陸三部作」と呼ばれる『白蘭の歌』(一九三九年)、『支那の夜』(一九四〇年)、『熱砂の誓ひ』(一九四〇年)で、満映スター李香蘭は、一躍、日本でも大スターとなる。

その第一作『白蘭の歌』の原作者は久米正雄(一八九一―一九五二)、原作小説は『東京日日新聞』(現・毎日新聞)および『大阪毎日新聞』に一九三九年八月三日から連載され、翌年一月九日、未完のまま一五八回で打ち切られた。連載を追いかけて、新京の『大同報』に、梅娘訳「白蘭之歌」(一九三九年一一月二八日―一九四一年一月二二日)が掲載された。『大同報』は、満洲国総務庁情報処から資金を得て、満洲国弘報協会の統制下に置かれ、満洲国通信社理事の染谷保蔵が社長を兼任した、満洲国政府の機関紙である。

『白蘭の歌』は完結後に映画化されることが決定していて、久米正雄は脚本家の木村千依男をともない、一九三九年春、取材旅行の名目で満洲を旅した。満洲を舞台に小説を書き、映画化するというふれこみで、多額の取材費用を懐に旅立ったとの評判だった。久米は一九三八年に東京日日新聞の学芸部長に就任していた。主人公に長谷川一夫と李香蘭を起用することが決まっていた。この取材旅行で久米正雄は李香蘭と会っている。

自伝『「李香蘭」を生きて』巻末略年譜には、『白蘭の歌』で長谷川一夫と共演するのが一九三九年、作家・久米正雄と知り合うのが一九四〇年と記されているが、この順序は逆である。

満映主催の歓迎晩餐会の席に、李香蘭は根岸寛一満映理事とマキノ光雄製作部長にともなわれて出席した。久米は、長谷川一夫と李香蘭のイメージで小説を書きすすめており、「ヒロインの地方豪族の娘には私と一字ちがいの李雪香と名づけ、奉天で声楽を学んでいる娘――と奉天時代の私に似た境遇を設定していた」(『李香蘭 私の半生』一二四ページ)という。原作者・久米正雄は「李香蘭」についての情報を引用し、「李香蘭」に触発されて筆をとり、そのように構築され表象されたヒロイン像を、彼女は演じた。彼女はメディアの前で「李香蘭」を演じただけではなく、銀幕の上でも彼女を引用したヒロインのそれぞれを演じ、同時に「李香蘭」イメージを演じていた。そのように転倒したプロセスをたどって「李香蘭」イメージはつくりだされ、再生産され、「李香蘭」的なるものを演じる彼女によって、「李香蘭」イメージは神話化された。

『白蘭の歌』に続く『支那の夜』のヒロイン名は李香蘭から一字を借りて「桂蘭」。『熱砂の誓ひ』では「李芳梅」、その「芳」の文字は「香」と換喩的に接するものだろう。このヒロインも声楽を学んでいるという設定だった。日本人男性に想いをよせる満洲娘を演じる「大陸三部作」だけではなく、戦時下に公開されることのなかった『私の鶯』、戦後の『暁の脱走』から『上海の女』まで、彼女はイメージされた「李香蘭」像を再三演じることになる。

久米正雄は『白蘭の歌』の取材時から、日本語が堪能で日本文化に憧れる満洲娘として売り出された李香蘭が日本人であることを、知っていたようだ。田村泰次郎『わが文壇青春記』(新潮社、一九六三年)によれば、久米は彼女の前でわざと「山口さん」と口にしたという。彼女はそ知らぬそぶりだったというが。映画封切り後に加筆改稿して単行本化された『白蘭の歌』には、日本人男性を愛して命を落とした中国娘がじつは日本人であったという、映画の設定とは異なる一行が加えられた。映画の評判とはうらはらに、原作小説を吟味する読者はいなかったようだが、日満親善の文化工作に一役買い、しかもその裏面をかいまみた久米正雄は、一矢報いたかったのか。

「大陸三部作」で李香蘭とコンビを組んだ長谷川一夫は、これにさきだち、松竹から東宝に移籍第一作『源九郎義経』撮影中に顔を斬られるという惨事に見舞われていた。『白蘭の歌』の渡辺邦男監督は、撮影中止になった『源九郎義経』の監督でもあった。

「『蜜月快車』を皮きりに、たてつづけに四本の映画に出演したが、五本目の『白蘭の歌』以降は、『黄河』(一九四二年)と『萬世流芳』(一九四三年)をのぞき、全作品が日本映画と言ってよい。／もちろん、それぞれ満映との合作または提携のかたちはとっていたが、実質上は東宝、松竹など日本の映画会社の作品である」(『李香蘭　私の半生』一三一―一三二ページ)と彼女は回想している。

映画界にはありがちなことかもしれないが、企画は立てられたものの実現しなかった映画もある。それどころか『私の鶯』のように広告が出ても公開されなかった映画もある。満洲映画協会の機関誌『満洲映画』のバックナンバーを眺めてみると、一九三八年に月刊満洲社から上梓され、満洲の日本語読書界の話題を呼んだ、小泉菊枝『満洲人の少女』を、李香蘭主演で映画化するという企画はかなりのところまで進行していたらしい。著者の小泉菊枝（一九〇四―一九九二）は石原莞爾（一八八九―一九四九）が主宰した東亜連盟の女性論客だった。満洲に暮らす日本人主婦が、抗日教育を受けた反抗的な少女・李桂玉を女中としてひきとり、かたくなな少女の心をひらいていく過程をつづった、体験に即した読物である。小泉は日蓮主義の国柱会に傾倒する石原莞爾に共鳴し、日満親善、五族協和を体現する使命感をいだいていた。本作は、満洲国内で広く読まれただけではなく、上田廣、窪川（佐多）稲子、瀧井孝作、里見弴ら錚々たる面々と肩をならべてこの年の第一回日本文化協会文芸賞の候補に挙げられた（受賞は真山青果「元禄忠臣蔵」）。後日談にあたる『満洲少女』（全国書房、一九四二年）も上梓された。

『満洲人の少女』口絵には一葉の写真がのせられている。中国服を着て昂然とカメラを見据える小泉菊枝と、和服を着せられて伏し目がちな李桂玉がならぶ写真である。小泉菊枝による、五族協和の精神、日満親善と、満人（中国人）の教化（日本化）を象徴する図像だろう。

満映による『満洲人の少女』映画化企画がなぜ立ち消えになったのかはわからない。しかしながら、抗日的な少女が日中の融和を願う日本人の家でたちはたらくうちに日本人の良心に感化されていくというモチーフは、いくばくか、『支那の夜』に生かされている。『支那の夜』が、映画化がかなわなかった『満洲人の少女』のモチーフをも包摂したのかもしれない。『支那の夜』のヒロイン

「桂蘭」は、『満洲人の少女』の「李桂玉」と主演女優「李香蘭」から一字ずつ借りてきたようでもある。

もっとも『支那の夜』においてこのような俳優の芸名と役名との共振は、「李桂玉」と「李香蘭」だけにとどまらず、相手役の日本人船員「長谷哲夫」という役名も容易にこれを演じる「長谷川一夫」を連想させるものだった。

さらに、映画『支那の夜』には、これにさきだち、渡辺はま子が吹き込んだ一九三八年一二月発売のレコード「支那の夜」の国際的ヒットがあった。西條八十作詞、竹岡信幸作曲の、日本人が想定するチャイニーズメロディー、エキゾチシズムを刺激するメロディーは日本国内だけではなく、日本軍占領下のヴェトナム、タイ、インドネシア、台湾など各地で流行した。楽曲は非常に息の長いヒット曲となり、日本の敗戦後も中国、台湾、香港、マレーシアなど中国語文化圏で「支那の夜」ではなく「春之夢」「春的夢」「中国之夜」とタイトルを変えて吹き込まれ、カバー曲、替え歌もつくられた。GHQ占領下の米兵に最も愛された進駐軍ソングとしても知られている。昭和四一（一九六六）年香港映画『四姉妹』の劇中歌などにも使用された。映画『支那の夜』には、先行する楽曲「支那の夜」の世界をイメージした、いわば歌謡映画としての側面もある。

映画『支那の夜』は、東宝映画（東宝）と満洲映画協会（満映）のスター交流の協約締結の成果だった。東宝の看板スター長谷川一夫と満映所属の李香蘭を主役に据え、東宝の企画配給、上海の中華電影股份有限公司の協力を得て成立した国際的な合作映画である。伏水修監督、小国英雄脚本、服部良一音楽、三村明撮影。三村明は日本人で初めてハリウッドのカメラマン・ユニオンに入りハリー・ミムラの名で活躍して、戦争が近づいたために帰国したというキャリアの持ち主である。三村は戦前戦中戦後と長く活躍し、敗戦直後に広島・長崎の記録映像を撮りに米国の戦略爆撃調査団が来日した際には、日本人キャメラマンのキャップを務めた。戦後は山口淑子主演『暁の脱走』も三村の撮影だった。

映画『支那の夜』は、中華電影公司の協力で上海ロケを行い、一九四〇年六月五日に公開されている。

2 『支那の夜』の検閲と大東亜共栄圏

『支那の夜』をふくむ「大陸三部作」に主演したことは、彼女に国際的成功をもたらしたが、中国の人心を傷つけたという悔いを残す結果となった。とくに、のちに問題視されたのは、戦乱で家を失い家族が離散した桂蘭(李香蘭)が反抗的な態度をつのらせ、日本人船員・長谷哲夫(長谷川一夫)は思いあまって手を上げてしまう、桂蘭は長谷への恋心に目覚める、というシークエンスである。「漢奸裁判で問題になったシーン」「殴られたのに相手に惚れこんでいくのは、中国人にとっては二重の屈辱と映った。そして、その行動様式を、侵略者対被侵略者の日中関係におきかえてみた一般の中国人観客は、日本人のように一種の愛情表現とみなして感動するどころか、日本人に対する日ごろの憎悪と反撥がさらに刺激された。映画の教宣目的は全くの逆効果で、抗日意識をいっそうあおる結果となった」(『李香蘭 私の半生』一五五―一五六ページ)と、自伝は語る。日中戦争時のスローガンである「暴支膺懲(暴虐な支那を懲らしめる)」を体現するような表象であり、しかもこの日本人観客の幻想に都合のいい中国娘を、彼女は中国人女優と偽って演じていた。

ただし、この映画の成り立ちと遇され方を検証するなら、かならずしも教宣目的の国策映画というわけではない。古川隆久『戦時下の日本映画――人々は国策映画を観たか』(吉川弘文館、二〇〇三年)は、『支那の夜』について、国策映画として助成されたり顕彰されたりするどころか、検閲官に非難され、批評家に批判され、国策映画とはいいがたい、にもかかわらずか、だからこそか観客の支持を得た映画であることを、同時代評と証言から、論証している。

たとえば当時、国策に同調して現場を叱咤した、映画批評家・津村秀夫の匿名記事は以下のようなものである。

> 益々映画法実施の精神に逆行しつゝある。(中略)我が将兵が尊い血を流した大陸の戦跡を背景にして、白粉《おしろい》臭い男女俳優の滑稽極まる拙劣な痴態など蜿蜒《えんえん》と展開されては、国民の一人として憤懣に堪へぬ。(中略)日支親善の趣旨を持つものであるが、映画の力点は正視するに堪へぬサツカリン的な痴態と会話と、抗日支那人の出る幼稚極まる活劇的要素でしかない。
>
> 上海の日本人ホテルに宿泊する数人の船員達が朝の洗面(中略)から大乱闘してそれを主人公の青年が制止訓戒する愚劣な場面などがこの映画の「白痴的日本人」の好適例(Q〔津村秀夫〕

「新映画評　支那の夜」『東京朝日新聞』一九四〇年六月九日夕刊）

戦後の冷戦構造と日中関係に馴れた眼には、『支那の夜』が、日中戦争下の国策映画と映るかもしれない。

『李香蘭　私の半生』の単行本版のあとがきに彼女は、「本書の読者のうちには、中国への懺悔の念が足りないと思われるかたがあるかもしれない」とまで書いた。けれども、同時代の、いまふうにいうなら意識高い系の、言論人は、『支那の夜』を、むしろ国策にそぐわない、観客の教化の役にも立たない娯楽映画であるとして、それゆえに憤慨していたのである。

古川隆久氏は、同時代の国策を牽引した映画批評家や検閲官が、『支那の夜』の封切り後もこの映画に憤激を漏らした事例を複数挙げている。また加藤厚子論文を引いて、『支那の夜』への不満がいわゆる「七・七禁令」における映画検閲強化のひきがねとなったとの証言にも注意を喚起している。[注1]

以下は映画検閲にたずさわった内務省映画検閲官らの証言である。

平田　東宝幹部の云ふ所に依ると「支那の夜」が検閲で相当問題になつた——僕は「支那の夜」を担当して、じかに聴いた話だから間違ひないのですが——「支那の夜」は検閲ではお手数をかけたが、封切したらあれだけの大衆がくつついた。だから検閲当局はこれだけの大衆を呼んだ「支那の夜」に付て考へて貰ひたい。と云ふのです。それを聴いた時は憤慨した。出る前は全く申訳ありません。今後あゝいふ写真は作らない、と云つておきながら、出てその作品がヒットすると、さういふことを云ふのです。

（中略）

平田　上海では我が陸戦隊が本当に血を流し骨を埋めた。その上で李香蘭と長谷川一夫が喋々喃々と語るとは何事だ、と渡邊事務官が怒つたのです。

岡崎　七・七禁令が起つたのはあの映画がきつかけです。

（座談会「検閲の窓から　日本映画界について（完）」『新映画』昭和一六年八月号、平田雄二・岡崎猛郎ほか）

七・七禁令とは一九四〇（昭和一五）年七月七日より施行された「奢侈品等製造販売制限規則」（商工省・農林省令）をいい、それと同時に発表された、映画製作・興行に関する統制強化（文部省と内務省によって検討された）を映画の七・七禁令と称している。「時報」（『キネマ旬報』七二四号、一九四〇年八月）によれば「小市民映画、個人の幸福のみを描くもの、富豪の生活を扱つたもの、女性の喫煙、カフエーに於ける飲酒場面、外国かぶれの言語、軽佻浮薄の動作等は一切禁止」といった、映画の内容に踏みこむ文言がある。

「大陸三部作」のうち『白蘭の歌』『熱砂の誓ひ』を手がけた脚本家の木村千依男は次のように記

している。

夜銀座でMさんIさん達と会食の席上、最近の検閲状態の話を興味深く聴いた。「支那の夜」の話の時だつたか、脚本による事前検閲も百パーセントには安心してをられぬ（「日記映画抄」『キネマ旬報』七二〇号、一九四〇年七月）

『支那の夜』は一九四〇年六月五日封切日の日付で、内務省警保局の検閲を通過したことが、『映画検閲時報』に掲載されている。しかしながら公開後にも検閲官や評論家から突きあげられた。検閲とフィルムのカットは、脚本による事前検閲だけでは済まなかったのである。

『映画検閲時報』昭和一五年度査閲フイルムノ部第六号によれば、[注2]「検閲番号二四、九三一、日現活正、支那の夜　前篇五、八巻、二、〇四九メートル、東宝」と「検閲番号二四、九三二、同六」および「検閲番号二四、九三三、同　後篇五、七巻、一、四五四メートル」と「検閲番号二四、九三四」に同じく「同六」が記載されている。「日現活正」とは、日本製作の現代劇で、「活劇」すなわち「争闘冒険ノ場面ヲ主トシタルモノ」で、「正劇」（他の分類には「喜劇」「悲劇」「笑劇」がある）との意味である。巻数とは三五ミリの場合一巻九百フィートから千フィート、上映時間一〇分程度を単位として算出されている。一・五フィートがフィルムのコマ数で二四コマにあたり、上映時間で一秒に相当するので九〇フィートが一分になる。日本では行政上メートルが用いられたが、一メートルは約三フィート三・三七インチに換算されるので、『支那の夜』前篇は約六七二二フィート五・三インチ、後篇は約四七七〇フィート四・〇九インチ、合わせて上映時間一二八分弱ということになる。[注3]

この封切版よりも短いヴァージョンが、複数つくられている。ひとつの契機は、『支那の夜』の輸出時にかかわるカットである。

『支那の夜』は李香蘭を満映を代表する女優から、日本映画の人気女優の一人にしただけではない。大東亜共栄圏と呼ばれたアジアの各地で、李香蘭人気はとどまることを知らなかった。

映画『支那の夜』は中国人観客を憤慨させたというのが通説ではあるが、野口久光「中国人の映画眼」(『映画旬報』八三号、昭和一八(一九四三)年六月一日)によれば、後に『萬世流芳』が好評を博しただけではなく楽曲「支那の夜」「蘇州夜曲」が流行していたことから『支那の夜』を『春的夢』と題して上映したところ、上海大華大戯院は大入りであり、「観客はスクリーンに和して歌ふ程」「二度目、三度目の客が多い」とも報告されている。『支那の夜』に対する中国人観客の反応は、階層によっても異なるものだったと推測される。

『復刻版　映画検閲時報』によれば、次頁の別表のように、『支那の夜』は海外各地に輸出され上映された。そして輸出の際にはそれぞれ新たに検閲を受けた。

国内封切り時のフィルムの尺(長さ)と比較するなら、満映の「梗概篇」一巻を別としても、輸出されたフィルムには複数の異なるヴァージョンがあることがわかる。一九四〇(昭和一五)年八月一日新京市満映に輸出された『改訂　支那の夜』は前篇八一四メートル、後篇六三八メートル、合わ

内務省警保局編『映画検閲時報』から著者作成

年月日	地域・ 機関等	作品名・メートル数・目的等
昭和 15 6. 17	新京市 満映	「改訂 支那の夜」前篇八巻　2049 メートル，後篇六巻　1453 メートル　興行用
6. 27	新京市 満鉄	「改訂 支那の夜」前篇八巻　2049 メートル，後篇六巻　1453 メートル　興行用
7. 10	新京市 満映	「支那の夜 商篇　梗概篇」一巻　140 メートル　興行用
8. 1	新京市 満映	「改訂 支那の夜」前篇八巻　814 メートル，後篇六巻　638 メートル　興行用
12. 16	ホノルル 国際興行会社	「改訂 支那の夜」前篇八巻　2049 メートル，後篇六巻　1453 メートル　興行用
12. 16	ロサンゼルス 日米興業会社 (日米興行会社)	「改訂 支那の夜」前篇八巻　2049 メートル，後篇六巻　1453 メートル　興行用
昭和 16 10. 28	ハノイ 芳澤機関	「支那の夜(仏語版)」八巻　2203 メートル　皇軍慰問
昭和 17 11. 16	ビルマ 映画配給支社	「支郡(原文ママ)の夜」八巻　2293 メートル　皇軍慰問
11. 16	シンガポール 映画配給支社	「同前」八巻　2293 メートル　皇軍慰問
11. 16	北ボルネオ 映画配給支社	「同前」八巻　2293 メートル　皇軍慰問
11. 30	シンガポール 映画配給支社	「改訂 支那の夜」前篇八巻　2049 メートル，後篇六巻　1453 メートル　皇軍慰問
昭和 18 4. 17	マニラ 映画配給支社	「支那の夜(英字版)」八巻　2327 メートル　文化工作用
4. 23	香港 映画配給社 南方局	「改訂 支那の夜」前篇八巻　2049 メートル，後篇六巻　1453 メートル　皇軍慰問

せて上映時間は五三分前後の短縮版である。一九四一年一〇月二八日、ハノイ市の芳澤機関すなわち駐仏印特命全権大使の芳澤謙吉(一八七四―一九六五)に属するインテリジェンス・グループが皇軍慰問の名目で検閲申請許可されたフランス語版『支那の夜』は二二〇三メートル、上映時間約八〇分強。一九四二年一一月一六日付でビルマ、昭南島(現・シンガポール)、北ボルネオに輸出された版は二二九三メートル、上映時間約八三分強。翌一九四三年四月一七日付で、文化工作用にマニラに輸出された英字版『支那の夜』は二三二七メートル、上映時間約八四分強となる。

輸出フィルムの異なる版は、封切版から、どの部分が、どういう理由で削除されて成立したのか。フィルムの散逸のためにアジア諸地域に輸出されたプリントの異本をつきあわせて検証することはかなわないものの、同時代の映画評や検閲官の証言、さらに戦後販売されたVHS版『支那の夜』との比較などを通じて、これまでにも研究者は仮説を提出してきた。

先鞭をつけたのは古川隆久『戦時下の日本映画』である。古川氏は、「キネマ倶楽部」から「日本映画傑作全集」シリーズの作品として刊行されたVHS『支那の夜』(パッケージ名。映像の冒頭タイトルは『蘇州夜曲〝支那の夜〟より』)を「短縮版」「現行版」ないし「総集編」と呼び、上映時間八九分のこのビデオ版は、フランス領インドシナで一九四二年三月に上映されたもの、「四一年一一月製作の短縮版。『映画検閲時報』記載のフィルムの長さから見てこれが現在のビデオ版の原版」(一九二ページ)と推定した。

古川論文は山根正吉「日本映画は何処迄も南進する!――〝支那の夜〟仏印上映報告」(『映画旬

報』四六号、昭和一七年五月一日)を参照している。山根の報告には以下のくだりがある。

さて茲に上映報告を申述べやうとする「支那の夜」は日本を離れる前から早くもコッピドクこづき廻されたのである。頽廃的で反国策的であると言ふ理由で(中略)延々十四巻のものが約半分の八巻に縮められ、まるで面目を一新(?)した新編「支那の夜」は、とかくの悪評を残した儘昨年十一月、芳澤特派大使と同じ船で現地に渡航する名誉を担つたのである。その後数ケ月間は各地の皇軍慰問に歩き廻つて(中略)二月二十四日ハノイ駐在員から南洋映画協会本社に次の様な電報が飛び込んだ。「支那の夜本日より当地エデン・シネマに於て封切大成功なり」……次いで三月二日の入電は「支那の夜好評のため次週番組を変更し、更に五日間続映す」(中略)其後飛行便で齎らされた初日の詳細の情況は次の通りである。

「今晩からエデンに於て支那の夜の封切(中略)座席は階上階下共に全部満員、フランス人は極めて僅かで九〇パアセント迄安南人です。

最初の日本文字及び中華映画に対する感謝の言葉等は観客に不満の声を放たせますから前の田園交響楽の様に今後は全部フランス語にして下さい。

李香蘭の顔は安南人に良く似てゐるので大受けです(中略)最後のハッピー・エンドには猛烈な拍手です。……」

山根の引用する『支那の夜』上映報告は、芳澤機関によって輸出された仏語版、八〇分強の尺に縮められたものだということがわかる。

これに対して関口智子「『支那の夜』研究――封切版（一九四〇）とその後の変遷」（『PHASES 5』二〇一四年一一月）は、東京国立近代美術館フィルムセンター（現・国立映画アーカイブ）所蔵の上映時間約一二七分のプリントを「封切版」、ＶＨＳを「普及版」と呼び、その異同を詳細に検証している。関口論文は「普及版」の上映時間に最も近いのは、一九四三年四月一七日に検閲をうけてマニラ向けに輸出された『支那の夜　英字版』（上映時間約八四分）であると指摘する。

関口論文は、「封切版」にあって「普及版」でカットされているシーン長短合わせ二〇三箇所に番号を振って再現した。

確認の手がかりとして「封切版」（東京国立近代美術館フィルムセンター所蔵、上映時間一二七分）と「短縮版」（ＶＨＳ「キネマ倶楽部」日本映画傑作全集シリーズ『支那の夜』〔映像タイトル『蘇州夜曲』〕）、上映時間八九分）との主たる相違を概括すると以下のようになる。

一、作品の冒頭、船員の長谷（長谷川一夫）と仙吉（藤原釜足）が上海のナイトクラブにくりだし、そこで彼らと同じホテルに滞在するとし子（服部富子）の歌うジャズを楽しんだり、ホールで踊ったりする場面。

二、長谷が滞在するホテルの宿泊者たちが朝の洗面時に口論となり、スラップスティックなやりとりの最中に長谷が登場し、「制止訓戒」する場面。

三、とし子が桂蘭（李香蘭）の前で「支那の夜」を口ずさむ場面。
四、桂蘭がホテルに宿泊する日本人の子どもに軽侮されて憤り、「バカ」と打ちかかる場面。
五、桂蘭がかつての乳母と再会して、日本軍の攻撃で父親が亡くなり、母とは生き別れになったと語るシークエンス。
六、とし子が長谷とともに、戦死した兄の墓碑に参り、歌う場面。
七、焼け跡を訪れ、家族も家も失ったと怨嗟をあらわにする桂蘭に、とし子が兄は戦死したが中国を恨んでいない、死者の犠牲が無駄にならないように努めることが自分たちの使命だと諭す場面。
八、軍関係の任務を受けて航行中に匪賊に襲われた長谷が、武器をとってこれに応酬する場面。
九、長谷の死の知らせを受け、お守りに渡した耳飾りを遺品として渡された桂蘭が泣きながら家を飛び出す場面。長谷との思い出の地である蘇州の川で、桂蘭が後追いの入水自殺を図り、水中に身を浸す場面。などなど。

日中の敵対関係を示す場面は、それを乗り越え転じて大東亜共栄圏の礎にするという言説もろとも削除されている。メロドラマの側面からみると、総じてとし子が登場する場面のカットが多い。とし子役の服部富子は宝塚出身で服部良一の妹にあたる、歌える女優である。ヒット曲「満洲娘」の歌手であり、和製オペレッタ映画の傑作『鴛鴦歌合戦』（マキノ雅弘監督、一九三九年）でも主要な役を務めている。ロング・ヴァージョンでは国策の理念を唱えて兄の戦死に耐え、長谷への片恋をあきらめるモダン・ガールという役どころだった。同じ歌をとし子と桂蘭がそれぞれに口ずさむという設定、長谷をめぐるライヴァル関係ととし子の断念、とし子と桂蘭、日中ふたりの女性の共振と差異の織りなす物語の重層性や、三角関係の心理的な陰影は、ＶＨＳ版からは失われている。

日本映画の占領地への輸出にあたっては、単純な恋愛や活劇、歌唱の場面なら現地の観客にも通じるが、起伏の少ない情緒的な場面は冗漫で退屈させてしまうというのが同時代の共通認識だった。それにくわえて、検閲官が概嘆し、批評家が弾劾し、配給者の山根も認めた「頽廃的で反国策的」な要素にあたるダンスやジャズといったモダニズム風俗、戦禍の跡を残した上海を舞台に展開する恋愛ドラマの要素もカットの対象となっていた。映画の「七・七禁令」に抵触する箇所にあたる。

それとは別に、『支那の夜』輸出にあたっては、現地の事情と観客の感情への配慮という課題がある。これはたんに、『支那の夜』が日本の観客だけに受けて、中国の観客にとっては不快なものだったという二項対立を意味するのではない。中国語文化圏の観客も一様ではなく、また、日本語、中国語以外の言語に翻訳された字幕をつけて、アジア諸地域に輸出されていたのである。

山根の記事の「最初の日本文字及び中華映画に対する感謝の言葉等は観客に不満の声を放たせます」という現地報告は、日本語および中国語のリテラシーを問題にしているのだろうが、もとより占領地における対日、対中感情は複雑だったはずである。

南洋映画協会に属する山根の参加した座談会「留日南方学生・大東亜映画を語る」(『映画旬報』三九号、一九四二〔昭和一七〕年二月二一日)には、次のようなやりとりがある。

山根　「支那の夜」を泰国へ持って行ったら一般の人は喜ぶでせうか。
アルン(引用者注・タイからの留学生)　僕達なら面白いけれども、向ふにゐる人はどうでせうか。あれは支那人が沢山殺されるでせう。
山根　あれは船に乗つて河を上つて行く途中で匪賊に襲はれる。それで殺したり殺されたりする場面があるのですが、それ以外にはさういふ場面はないと思ふのです。
増田(引用者注・国際学友会教授増田四郎)　そこがまだ向ふの人にわからない。支那の悪い人を殺したのぢやなく、支那人を殺したといふ考を持つわけです。

こうした反応を聞きいれたものかどうか、またどの時点で削除されたのかはわからないが、実際、VHS版には襲撃された長谷哲夫が銃をとる場面はカットされている。
概括すると、検閲あるいは自粛によるカットからは、ハリウッド的な恋愛ドラマやモダニズムの要素に対する検閲官や批評家の非難をおもんぱかると同時に、『支那の夜』の輸出先となった大東亜共栄圏諸地域の観客の日中戦争に対する感情を刺激しないよう配慮するという、容易には両立しない要請への忖度が読み取れる。

ところで、山根の紹介する「李香蘭の顔は安南人に良く似てゐるので大受け」という情報も興味深い。従来、李香蘭は中国人として偽装した女優であると問題にされ、同時代にはハリウッド女優に通じる妖艶さをもてはやされていたが、ハノイでは「安南人に良く似てゐる」女優として観客の感情移入を誘っている。大東亜共栄圏における『支那の夜』受容のまなざしは、日本対中国、アジア対欧米といった二項対立のあいだで揺れているというだけでは説明しつくせない、日本／複数の中国／複数のアジア／対欧米感情の対立と共感がからみあい反転する、多義的なものだった。

『支那の夜』が軍事占領地域で「宣伝宣撫」に用いられた事例としては、アジア歴史資料センターに、南方の軍事宣伝機関が『支那の夜』を宣伝媒体として用いたことがわかる資料がある。[注4] 一九四四年三月一五日付「宣伝宣撫用映画フイルム借用に関する件依頼」がそれである。同年五月一日から五月末日まで、北部ルソン巡回のため借用する映画リストに『支那の夜』が入っており、英語版を希望している。宛先は「渡集団報道部長」となっている。

3　戦時下の米国で観られた『支那の夜』――プロパガンダ分析

表にまとめたように、『支那の夜』はホノルル、ロサンゼルスにも輸出された。日系人を観客層とする興行会社が購入している。また、ミシガン大学の米国陸軍集中訓練日本語学校（陸軍日本語学校）に学んだハーバート・パッシンはヒアリング能力を養うために観せられた日本映画のなかでいちばん人気があったのは『支那の夜』だと証言している。[注5] それらのフィルムは「太平洋戦線から持ち帰られた戦利品であり、その大部分が宣伝用の作品」であったという。「宣伝用」とは戦時プロパガンダの意であろう。

古川論文は、企画製作配給にあたって「官庁が参加しておらず、官庁の推奨も受けられず、検閲官が怒るような映画を国策映画とみなすことは不可能である」(『戦時下の日本映画』一二九ページ)として、『支那の夜』は国策映画とはいえない娯楽映画であったと述べている。が、もとより国策映画と娯楽映画とが容れあわずにくっきりと対立の構図をとるとはかぎらない。国策遂行の強い圧力のもとでは、国策のある要素をくみとることが娯楽として大衆に迎えられるために必要でもあろう。総動員体制の時代は草の根ファシズムの時代でもある。観客にとって、自分たちがそこに組みこまれている国策を美化する表象を受容することは快楽でもあろう。一方、表現には製作意図から自立し自律して説話をつむぎイメージの系を構成するはたらきもある。あくまで国策に従属する意図を持ちつつも、そこから逸脱することはありうる。

パッシンは『支那の夜』の鑑賞について、「敵国の映画を観て普段の政治意識を忘れ、日本の中国侵略を正当化する宣伝映画であるにもかかわらず、これを単なる大恋愛物語と受け取る」体験であったと回顧している。長谷川一夫が李香蘭の「ハートを射とめて、われわれがいうところの国際的結び付き、映画がいうところの大東亜共栄圏の完成に至ると、期せずして万雷の拍手がわき起こった(中略)われわれの価値感《(ママ)》を逆転させるこの奇妙な現象は、主演者の演技力に負うところももちろんあったであろうが、それだけではなかった。この映画の描く世界はわれわれの多くにとって、占領日本(われわれはそれをすでに確信していた)を背景とし、自分を主人公として展開される甘美な夢を先取りした世界であった」(『米陸軍日本語学校』七六ページ)という。陸軍日本語学校に学ぶ彼らが、大東亜共栄圏の完成という日本の国策宣伝に感化されることはなかった。しかしながら、にもかかわらず、パッシンはやがて占領する者として長谷川一夫に感情移入し、『支那の夜』の「大恋愛物語」のオリエンタリズムについては、彼らの「甘美な夢」を先説する表象として、むしろ歓迎している。

ＯＳＳ(Office of Strategic Services 戦略諜報局)が『支那の夜』のプロパガンダとしての性格を分析したファイルの所在は、一九九〇年代より紹介されていた。一九四四年ＯＳＳ作成「日本映画——心理戦の位相」(“Japanese Films: A Phase of Psychological Warfare[Report No. 1307]”)である。ＯＳＳは第二次世界大戦時の米国諜報機関のひとつで、プロパガンダを主たる任務としていた。このレポートは日本映画を対象にして、日本側の戦時プロパガンダの手法を分析したものである。リストアップされた二〇本の日本映画に、李香蘭と長谷川一夫の大陸三部作『白蘭の歌』『支那の夜』『熱砂の誓ひ』の三本すべてが含まれている。

このレポートによれば、『支那の夜』は結末を異にする三様のヴァージョンがつくられた。中国の観客向けには、長谷と桂蘭の結婚で終わるプリント。日本の観客向けには、結婚をひかえた長谷が任務のため前線に赴き、中国人との戦闘で落命する。知らせを聞いた桂蘭は入水自殺をするというエンディング。マラヤとフィリピンで上映されたのは、長谷の訃報が誤ってもたらされ、自殺をはかろうとする桂蘭のもとに駈けつけた長谷によって彼女は救われるというもの。レポートはこの結末について、日本が中国を救うという理念を象徴している、日本は共産主義から中国を救い出し、この二人(そしてふたつの国)が末長く幸福に暮らすであろうという意味を託している、と解釈した。

OSS文書による『支那の夜』分析を踏襲して、ピーター・B・ハーイ『帝国の銀幕――十五年戦争と日本映画』(名古屋大学出版会、一九九五年)は、当時知られていなかった封切り時『支那の夜』日本語版の結末について、長谷の死で終わる悲劇であるとしている。

平野共余子『天皇と接吻――アメリカ占領下の日本映画検閲』(草思社、一九九八年)も、OSS文書のいう『支那の夜』の三種類のエンディングを紹介した。

しかしながら、『支那の夜』封切り時の同時代の映画評が示唆する結末は、OSS文書にあるものとは違い、匪賊の襲撃に斃れたと伝えられた長谷が実は生きていて、入水した桂蘭をすんでのところで助け出すというハッピーエンドである。先に引用した山根正吉によるハノイでの公開時の観客の反応も、ハッピーエンドに喝采をおくる、というものだった。

古川隆久氏は『戦時下の日本映画』執筆時にはフィルムセンター所蔵のロング・ヴァージョン版を鑑賞していなかったものの、封切り当時の『キネマ旬報』『映画とレビュー』などの『支那の夜』の紹介記事を参照し、長谷の死で終わるヴァージョンではないと判断している。

『モダン・ライフと戦争――スクリーンのなかの女性たち』(吉川弘文館、二〇一三年)で、宜野座菜央見氏は、「合衆国議会図書館所蔵版・フィルムセンター公開版」のロング・ヴァージョンにもとづき、OSSのレポートは「三つのエンディングがあったという誤情報に加えて、早とちりの解釈を提供したが、伏水（修監督・引用者注）が描いた抗日スパイ団は共産主義者ではない」と、指摘した。OSSの反共主義が、匪賊すなわちコミュニストという誤読を招いたのでもあろう。むしろ「『支那の夜』は日華親善を提唱する点では（一九四〇年・引用者注）一一月に締結される「日華基本条約」に半年先んじたものだ」（以上、一九六ページ）というのが、宜野座氏の見解であり、傾聴に値する。

以上の議論を踏まえ、現在ではフィルムセンター所蔵のロング・ヴァージョンが一九四〇年の日本国内で封切られた版にあたるのだろうと考えられており、OSSの調査報告の客観性はいささか疑わしいものとみなされている。現存のロング・ヴァージョン、短縮版、いずれも、長谷の死や桂蘭の後追い自殺で終わってはいない。また、残された同時代評はいずれも、そのようなエンディングであると記述していない。

4　GHQ占領期における『支那の夜』評価

GHQ占領下の日本で、『支那の夜』が上映されることはなかった。

関口智子氏は「昭和二七年の『映画倫理規定審査概況《ママ》』によれば、アメリカによる占領が終わり、日本が独立した直後の一九五二年一〇月一日に、『蘇州夜曲』と改題され封切られた」（『支那の夜』研究」一〇八ページ）と述べている。その際、『支那の夜』は二本立て興行、約八八分のプリントで上映された。興行の便宜のために、また戦後の観客層にあわせて、この時点でカットされたという可能性もある。ＶＨＳの普及版の成立について、関口氏は「一九五二年一〇月の再上映の際に使われたプリントがもとになっている」という仮説を立て、そのさらなる起源としては「戦争中に東南アジアの占領地に向けて輸出するために再編集した短縮バージョン」(同書、一〇九ページ)か、あるいは、封切版に近いプリントが戦後再上映の際に二本立て興行にあわせてカットされたか、複数の可能性があると示唆する。

ではＧＨＱ占領期における『支那の夜』のあつかいはどのようなものだったのか。

平野共余子『天皇と接吻』は、ＣＩＥ文書に照らして一九四五年一一月一六日に総司令部から発令された「「非民主主義的映画排除の指令に関する覚書」により、一九三一年の満州事変以降に製作された二百三十六本の劇映画と、多くの文化映画、時事映画が上映禁止処分を受けた」こと、このリストは「戦時情報局(引用者注・ＯＷＩ)の心理作戦部のドン・ブラウン、アーサー・ベアストック、デビッド・コンデらによって準備された」ことを指摘する。ＣＩＥ(Civil Information and Educational Section 民間情報教育局)は、ＧＨＱ占領期のメディア政策をつかさどった部署である。一九四五年一〇月に、ＣＩＥは映画公社に対して一九三一年以降につくられたすべての劇映画のリスト提出を指示し、「映画公社は四百五十五本の映画の題名と粗筋を英語で記したリスト」を作成した。さらにそのなかから戦争宣伝に協力した作品を選ぶよう通達があり、映画公社は「内務省と内閣情報局にあった映画の題名と情報から二百二十七本を選択」していた。禁止リストにあがった映画のネガとプリントは日本の内務省に集約され、ネガとプリントは占領軍総司令部経由でワシントンの議会図書館に移管された。これと別にネガとプリント各一本がＣＣＤ(Civil Censorship Detachment民事検閲局)に保存され分析された。それ以外のネガとプリントは米国第八軍によって焼却処分された。占領終了後の一九五二年八月、禁止リストの二三六本の映画は、各映画会社に返還された。その後一九六七年一二月、米国政府が戦時中および占領下に没収した日本映画四八三本が、ワシントンの議会図書館から東京の国立近代美術館フィルムセンターに返還された(以上、『天皇と接吻』六四—六八ページ)。

関口論文は、一九五二年版の『映画年鑑』における、占領下の上映禁止映画リストとその返還についての記述から、『支那の夜』が禁止リストに入っていなかったことを指摘する。禁止リストに入っていなかったにもかかわらず再上映されなかった理由はわからないとしている。

『映画年鑑』一九五二年版(一九九八年復刻、岩本憲児・牧野守監修、日本図書センター)「禁止映画の盗映ひんぱん」の記事には、映画会社別の禁止映画名が掲載されている。一九四五年一一月一六日にＧＨＱ総司令部から日本政府に通達された「反民主主義映画の除去」に関する覚書によって指定され、販売、交換、上映の一切が禁止され、没収されたはずの映画であるにもかかわらず、目を盗んで上映される例が多いという話題である。全二二七本の「反民主主義映画」リストのうち東宝は五一本、そのなかに『支那の夜』は含まれていないのである。

禁止リストについては、日本側資料として東京国立近代美術館フィルムセンター資料を日本図書センターが二〇〇六年に複製刊行した『戦時下映画資料——映画年鑑　昭和一八・一九・二〇年』

にリスト作成の会合とその際に各映画会社から提出された作品名が掲載されているが、そこにも『支那の夜』は含まれていない。

これとは別に、米国におけるこの時期の『支那の夜』分析ファイルが、米国公文書館のIWG(Interagency Working Group ナチス戦争犯罪及び日本帝国政府記録省庁間作業部会)文書中におさめられている。IWG文書は、ナチスドイツおよび旧日本軍の戦争犯罪に関連する機密文書の機密解除にあたり二〇〇七年に合衆国に提出された。

『支那の夜』は「Night in China」「China Nights」などと英訳され、公文書館でもそのような表記が一般的だが、IWG文書のファイルは「Shina no Yoru(China Night)」のタイトルになっている。司法省の海外資産局(Office of Alien Property)が作成した書類である。米国議会図書館所蔵の『支那の夜』は、第二次世界大戦時に米国陸軍通信隊が押収したプリントで、メリーランド州スーツランドの金庫に保管されていた。ファイルはこのプリントの所在確認、上映許可願、楽曲「支那の夜」に関するものを含む著作権の処理などの文書からなっている。

海外資産局の記録によれば彼らの保有する『支那の夜』は一四巻、上映時間二時間五分、三五ミリのプリントであった。このファイルのなかでもっとも長期にわたって問題になった事案は、ロサンゼルスの日米キネマから『支那の夜』を西海岸各地で上映したいので許可してほしいという一九四九年七月以降の申請とそれに対するやりとりである。

日米キネマからの書状によれば、彼らはモントレーのプレシディオの陸軍部隊から借りたプリントを上映するつもりだった。これに対して海外資産局のオスカー・E・モラーリは、陸軍が権利を放棄した映画の使用に関して、陸軍がこの映画のプロパガンダとしての性格についてどう判断しているのか知りたいと、各所にはたらきかけた。一九四九年七月二九日、海外資産局のデヴィッド・L・バゼロンより日米キネマのムカエダ氏宛に、『支那の夜』はプロパガンダを含むので、州または国家の規定方針に反して上映のライセンスを与えるわけにはいかないと却下の旨が伝えられた。

ところが日米キネマは執拗に食い下がった。一九四九年一一月には、映画上映のライセンスを求めて鹵獲《ろかく》資料(敵軍から接収した資料)に関する訴訟も辞さないと弁護士を入れてやりとりがはじまる。コピーライトユニットのチーフであるユージェーヌ・ティユーはパテントセクションのチーフであるポール・E・リヒリター宛に、日本の戦時プロパガンダについてはザカライアスのアドバイスを求めるといいと進言している。エリス・M・ザカライアス(一八九〇―一九六一)は、日本に対する心理戦、OWI(United States Office of War Information 戦時情報局)におけるいわゆる「ザカライアス放送」で知られる海軍情報部出身の大物である。「ザカライアス放送」とは、彼がラジオ短波放送を使って、日本の敗戦が濃厚であることを知らせ、厭戦気分を刺激し、無条件降伏を受諾させようとした心理作戦を指す。ザカライアスは、日本の民衆に対する、日本軍のプロパガンダ、米軍のプロパガンダ、いずれにも通じた人物とみとめられていた。

ティユーは重ねて一二月八日付の文書で、実は一九四四年の一一月か一二月に、この映画を観たことがあると述べている。日本事情に通暁したアースキン博士による日本語学習の訓練で、映画の分析と解説のレクチャーをうけた、と。博士によれば、この映画は日本語版だけではなく、大東亜共栄圏構想のプロパガンダに用いるために「十七の異なる言語のヴァージョン」が作成されたという。主演女優は「東方(オリエント)」でもっとも人気があり、もっとも稼ぎのいい女優で、中国と日本におけるメアリー・ピックフォードのような存在であり、日本語中国語含め三つか四つの言語を流暢に話す。このような映画への出演については一部で裏切り者呼ばわりされている、との報告がつけられていた。

一九四四年のアースキン博士による解説を改めることなくそのまま引用しているところをみると、五年後のこの時点でも、ティユーは、主演女優・李香蘭が日本国籍をもつ山口淑子であることを知らなかったか、いずれにしてもそれを問題にしていなかったようにもうかがわれる。あわせて、主題歌「支那の夜」は日本に進駐したGIにもっとも人気の高い曲であることを報告し、映画『支那の夜』はアメリカ人の趣向に配慮するなら、冗漫なところがあるので、二五パーセントから五〇パーセントカットしたほうがいいとも付け加えている。

だが、一二月九日付で、プロパガンダを理由に日米キネマの申請は再度却下された。

翌一九五〇年三月、日米キネマは、米国にとって不都合と思われるプロパガンダ箇所を除く「編集」「検閲」を提案してくる。三月一四日付で、海外資産局のハロルド・ベイントンは日米キネマのクラモト宛に、『支那の夜』の問題は軍事侵略者とその関係者が好意的に描かれていることで、その傾向はプロットに織りこまれており、娯楽作品としての性質を破壊することなく問題を取り除くことができるのかどうかと返信している。日米キネマは粘り強く、今度は使用可能な『支那の夜』のプリントをニューヨーク、ワシントン地域で探しているといい、議会図書館所蔵プリントのコピーも視野に入れた要請を出す。

一九五〇年五月一五日、著作権部門のオスカー・E・モラーリは同部門主任のポール・E・リヒリターと主任補佐のフォーバート・W・ギューケ宛に報告を上げた。モラーリによれば『支那の夜』にはプロパガンダに相当するおそれのあるいくつかの場面がある。たとえば(1)日本人男性である主人公(引用者注・役名長谷、長谷川一夫)が中国娘(引用者注・役名桂蘭、李香蘭)を殴ることは、日本による中国支配の反映である　(2)日本人主人公たちが、中国支配は好意によるものだと主張する(3)主人公に恋する日本人の娘(引用者注・役名とし子、服部富子)が、戦闘に斃れた兄の墓前で、日本軍に破壊され家屋敷が廃墟になったことに怒り嘆くヒロイン(引用者注・桂蘭)に向かって、日本人のせいではないと主張する　(4)主題歌「支那の夜」など。

モラーリは続けて、以下の報告を残す。検閲は著作権部門の任ではないので、ザカライアス少将など日本語と日本のプロパガンダの手法に精通した人物を招聘すべきである。だが、ザカライアス少将は、この映画を観た記憶がないと述べている。ザカライアスによれば、戦後日本人の軍事体制に対する感情には変化がみられ、かつて軍国主義プロパガンダとみなされたようなことがらに対して心理的な距離感が生じている。そこで五月一九日にエドワード・F・ウィッツェル准将とシドニー・S・マシュビア大佐に検討してもらうことにする。二人とも日本語は流暢だが、マシュビア大佐の知人であるクロダ氏にも同席してもらう。

当時ザカライアスはすでに退役しており、マシュビアはザカライアスの盟友だった。

一九五〇年五月二二日付でモラーリは試写の報告を記録した。一九五〇年五月一九日金曜日、一六ミリのプリントで試写を行った(引用者注・同封の貸出記録によれば三五ミリ、一三巻)。ウィッツェル准将、マシュビア大佐、スペンサー博士、そして通訳として議会図書館のクロダ氏が同席し、重要な場面の内容を検討した。鑑賞後の准将の感想は「すばらしい映画だ。日本人の少女が中国人の少女に向かって、中国で起きているあらゆることについて中国人は日本人を非難すべきではないと説いている場面さえカットすれば、まったくさしつかえないとおもう」というものだった。大佐もこれに同意した。ところが検討の過程で、プロパガンダの素材としてのこの映画について准将がスペンサー博士に話を振ったところ、博士は「私はこの映画のマラヤ・ヴァージョンを観たことがあるが、それは男女の心中という『まさしくオリエンタル様式』の結末だった」と言い出し、日本を正当化する映画を公開すべきではない、とくに日系二世に観せるべきではない、この映画には「歴史的なおもしろさ」があるからこれを観て映画や芸術を研究するのはかまわないだろうが、G2(連合国軍最高司令官総司令部参謀第二部、情報部門)の指針に従うべきではないのか、等々と述べ立てたという。博士の主張に驚いた准将たちは諸方面に問い合わせ、日本人の軍人魂はいまだに健在であるというマッカーサー司令官の前週の発言もあったことから、試写会の参加者は見解をくつがえしてしまったという。

なぜ、五月一五日の段階では名前があがっていなかったスペンサー博士なる人物が同席することになったのか、経緯はわからない。博士のフルネームも、経歴もよくわからない。在米日本人社会、米国で出生した二世向けのメディア政策ないし検閲にあたってGHQ占領下の日本人向けのG２のガイドラインを参照すべきというのは、暴論である。『支那の夜』はどこでカットしたヴァージョンであろうと「カップルの自殺」にはなりえない。二人の死で終わるとしたら、中国人集団に襲われた長谷の死と恋人の訃報に世をはかなんだ桂蘭の後追い自殺というシークエンスだろうか。OS文書が日本語版の結末と報告した、しかしながら、当時の観客、批評家の反応から存在が否定されたヴァージョンである。ちなみに、くだんのスペンサー博士が観たという「マラヤ版」が何を指しているかつまびらかではないが、前述の通り、東南アジアに輸出されたヴァージョンもハッピーエンドであったと報告されている。スペンサー博士の内なる典型的なオリエンタリズムの認識の枠組みが、『支那の夜』に、ありもしない「心中」のセンセーショナリズムを見出してしまったのだろうか。主人公二人がともに命を落とすという結末は、『支那の夜』ではなくて『白蘭の歌』なのだが、スペンサー博士はあるいはこの二作を混同してしまったのだろうか。七月一四日付で、スペンサー博士はその見解を書面で提出しておらず、その点では決定打に欠けるものの、軍事情報局(Military Intelligence Division)がこの映画についてプロパガンダにみちていると主張する以上、公開に賛成できないとの報告があげられる。モラーリの海外資産局の部署で全責任を負うことはできないという趣旨である。この文脈から、スペンサー博士は、軍事情報局の関係者かとも推測されるが経歴の詳細は不明である。

『支那の夜』マラヤ・ヴァージョンを観たというスペンサー博士の記憶の信憑性を、いまとなっては検証することが困難である。『日本映画』九巻四号(一九四四年四月)「南方地域映画事情」、『日本映画』改新一〇号(一九四四年八月一五日・九月一日合併)などの記事で「日本映画のマライ語改作」が話題になっているが、そこに『支那の夜』への言及はない。

スペンサー発言は、その後、占領期における司法省海外資産局が『支那の夜』の上映ライセンスを与えない根拠とされることになった。

事情が変わったのは一九五二年四月のサンフランシスコ講和条約発効によりＧＨＱによる日本占領が終了した、同年一〇月以降の報告である。もはや国際状況が変化し、現在ではプロパガンダとしての意味を失っているはずという声を受け、モラーリは応えている。一一月六日、モラーリは、日本の軍事プロパガンダの手法分析に関してもっとも信頼のおけるはずのザカライアスが『支那の夜』について記憶がないと語った事実を、過去にさかのぼって注意を喚起した。本当に『支那の夜』がプロパガンダとして問題であるならザカライアスが観たこともないというのはおかしい、と。さらに一一月二五日、モラーリは米国議会図書館の、上映を禁止された日本映画リストに『支那の夜』が入っていないことを確認したと報告する。

先に見たように、このときすでに日本国内では『支那の夜』が戦後はじめて再上映されていた。

モラーリはザカライアス発言と、禁止リストに入っていないことを発見して驚いたと記すのだが、モラーリと同様、わたしたちもいささか驚かずにはいられない。占領期における日本および米国における『支那の夜』の上映は、この作品は戦時の国策プロパガンダの産物だというなんとはなしの先入観と、所轄関係各所の意向への過剰な配慮によって、自粛され、解禁されなかったということになるのだろうか。

『支那の夜』における複数のヴァージョンの成立と、そこに関与したさまざまなレベルの検閲を追跡すると、一九四〇年代から五〇年代にかけての連続的な変容について、一九四五年八月一五日で断ち切られることのない、貫戦期の枠組みで考察することの重要性におもいいたる。戦時下からGHQ占領期にかけての日本、中国、東南アジアなど日本の軍事占領下のアジア、そして米国と、『支那の夜』に変容を強いた地政学の考察は、この映画についての従来の二分法の評価、たとえば国策協力のプロパガンダ映画か観衆の側にたった娯楽映画かという図式では語りつくせない要素を掘り起こさずにはいられない。

それればかりではなく、『支那の夜』が、国境を越え、歴史の断層を越えて、広く受容された映画であることに、いまさらながら驚かされる。

注1　加藤厚子「映画法施行以降における映画統制――映画新体制を中心に」(『メディア史研究』一〇号、二〇〇〇年一〇月)は、七・七禁令による映画検閲強化の契機について座談会「検閲の窓から日本映画界について(完)」『新映画』昭和一六年八月号、渡邊敏彦・平田雄二・岡崎猛郎を引用し

ている。
注2　以下『映画検閲時報』引用は、不二出版の復刻版（一九八六年）による。
注3　『映画検閲時報』記載の略号、数値の読解に関しては、牧野守の「復刻版 映画検閲時報 解説」を参照。
注4　アジア歴史資料センター　レファレンスコード C14060165800
注5　ハーバート・パッシン『米陸軍日本語学校——日本との出会い』加瀬英明訳、ＴＢＳブリタニカ、一九八一年

第3章　『私の鶯』とロシアン・コネクション

1　お蔵入りになった『私の鶯』

満映時代の出演作品のなかで、彼女がその内容に自信をもっていたふたつの作品『私の鶯』と『黄河』(周暁波監督、一九四二年)は、いずれも戦時下の日本では一般公開されることがなかった。『私の鶯』は、満洲映画と東宝株式会社との提携作品だった。李香蘭が満映で主演した最後の作品でもある。ハルビン交響楽団を映画化するという、満映関係者の悲願、名画『オーケストラの少女』の満映版を、という企画は、李香蘭を得て着々と実現に向かっていた。当初は一九四二年年内に完成が予定されていたが、延期され、一九四三年には広告が出たものの、助監督・池田督の記録によれば現像終了は一九四四年三月だったという。

原作者の大佛次郎は執筆前の一九四一年に渡満し、満鉄ハルビン鉄路局の旧露芸術研究会で上演されたチャイコフスキーのオペラ『スペードの女王』を観劇している。同じ客席に李香蘭もいた。監督・脚本は、島津保次郎(一八九七―一九四五)で、シナリオが『日本映画』(一九四三年六月)に発表された。撮影・福島宏、音楽・服部良一、振付・白井鐵造という一流のスタッフがそろった。服部良一は『支那の夜』でも音楽の担当者で、白井鐵造は日劇七まわり半事件の「歌ふ李香蘭」、東宝国民劇にひきつづいての振付だった。製作は岩崎昶(一九〇三―一九八一)で、彼女は岩崎に全幅の信頼を置いていた。

ハルビンで長期ロケを行い、ハルビン・サヤーピン歌劇団主宰者のグリゴリー・サヤーピン(満里子の養父、ディミトリー役)、ハルビン・エンゲルガルド歌劇団座長のニーナ・エンゲルガルド(後援者のミルスカヤ夫人役)、ハルビン・トムスキー劇団団長のワシリー・トムスキー(ラズモフスキー伯爵役)を主要キャストに、ハルビン白系露人芸術家連盟、ハルビン・バレエ団、ハルビン交響楽団が参加した。

メリニコワ　イリーナ「『私の鶯』に写った李香蘭の神話と現実」(『女たちの満洲――多民族空間を生きて』生田美智子編、内山ヴァルーエフ紀子訳、大阪大学出版会、二〇一五年所収)は、『ハルビンスコエ・ヴレーミャ(ハルビンの時間)』紙上に一九四三年二月から一二月まで、撮影進行に関するニュースや、関係者インタヴュー、エキストラ募集広告などが掲載されていたと紹介する。

『私の鶯』は、ながく幻の映画だった。

岩野裕一『王道楽土の交響楽　満洲――知られざる音楽史』(音楽之友社、一九九九年)は、一九四五年六月二三日『申報』の新聞広告から、上海平安戯院で六月二四日から三〇日までの一週間上映された李香蘭主演『哈爾濱歌女(ハルビンの歌姫)』が、『私の鶯』にあたるとしている。新聞広告には「完全異国情調」「歌唱音楽巨片」というコピーがついている。

一九八四年プラネット映画資料図書館(安井喜雄館長、現・神戸映画資料館)が『運命の歌姫』と改題された七〇分のフィルムを発掘し、その後、上映会が行われた。山口淑子はこのときはじめて『私の鶯』を観たという。これと別に東宝の倉庫から一〇一分版のフィルムが発見された。現在では東宝から二〇〇三年に発売されたVHSで観ることができる。元のプリントは二時間の大作と伝えられるが、VHS普及版は九九分のヴァージョンである。VHSの九九分ヴァージョンは、東宝倉庫にあったというフィルムを元にしているはずだが、東宝がクレジットに付した「©1943 TOHO CO. LTD」は、この映画の助監督であった池田督のメモにしたがって、一九四四年作品と修正されるべきと、渡辺直紀「満映映画のハルビン表象――李香蘭主演『私の鶯』(一九四四)論」(『武蔵大学　人文学会雑誌』四九巻一号、二〇一七年一二月)は主張する。

李香蘭は『私の鶯』で、満洲事変から満洲建国にかけての戦乱で両親と生き別れになり、ロシア人のオペラ歌手に育てられた娘・満里子(ロシア名・マリヤ)を演じている。「満里子」というヒロインの名前には、「満洲国」の子どもという響きがあろう。大佛次郎と島津保次郎は意識していたかどうか、村松梢風『男装の麗人』(一九三三年)の、村松が川島芳子をモデルにしたといわれるヒロインの名も「満里子」だった。[注1] オペラ『ファウスト』『スペードの女王』などの上演からの引用も本格的な音楽映画である。岩野裕一『王道楽土の交響楽』は、「この映画は「音楽都市・ハルビン」をモチーフにしており(中略)ハルビン在住の白系ロシア人音楽家が総出演するだけでなく、ハルビンの夏の風物詩であった野外コンサートや、オペラ上演のシーンがふんだんに盛り込まれ」(二八二ページ)、満洲のオーケストラ史を語るうえできわめて重要な意味を持つ作品としている。李香蘭は、ハルビンの満鉄厚生会館(前身は東支鉄道倶楽部)の野外音楽堂で、ハルビン交響楽団をバックに主題歌「私の鶯」(服部良一作曲)を歌いあげる。

『私の鶯』は日本人同士の会話部分をのぞき、ほとんどの場面で、日本人とロシア人芸術家がロシア語で対話するという、多言語映画だった。李香蘭が演じる満里子は、養父や音楽家たちとロシア語で話し、ハルビンの中国人とは中国語で、実父やその関係者の日本人とは日本語で会話する。彼女がひとつの場面で、ロシア語、中国語、日本語でつぎつぎにやりとりするというシークエンスもある。

主たる観客層をどこに設定したものか、不思議な映画だ。メリニコワ論文は、ほとんど全編ロシア語のセリフからなり、ロシア人の音楽家と踊り手が活躍するこの映画が、満洲のロシア人住民を観客に想定していると考えることはごく自然であると述べている。さらに「満洲に暮らすロシア人住民の情緒を安定させ、「西洋文化を保護する日本」を想起させる映画」、日本の敗戦を目前に「ロシア人亡命者たちに接近するための、また、彼らを介して将来の勝者たち、西洋文化の担い手たちに接近するための架け橋として、作られたものであったのかもしれない」(「『私の鶯』に写った李香蘭の神話と現実」二〇四ページ)との仮説も提出している。

これに対して、門間貴志氏は一九四四年三月に現像が終了した時点で、作品を字幕版にするか吹替えにするのか、まだ決められていなかったと推測している(門間貴志「岩崎昶の神話――『私の鶯』への道」、四方田犬彦・晏妮編『ポスト満洲 映画論――日中映画往還』人文書院、二〇一〇年所収)。

いうまでもなく旧満洲国は多民族国家である。ハルビンには、ロシア革命と内戦をのがれ住む亡命者もすくなくなかった。『私の鶯』のいわゆる白系露人(帝政支持派)の音楽家たちは、ロシア革命に追われた逃避行を、日本人に助けられたという設定である。

この地に鉄道を敷設したのは帝政ロシアであり、ハルビンは中国人とロシア人の街だった。日露戦争で長春より南の鉄道は日本に委譲されて南満洲鉄道株式会社のものになったが、ロシア革命、辛亥革命、満洲事変とあいつぐ国際関係の変化にかかわらず、ロシア帝国からソ連邦へと、ハルビンとシベリア鉄道を結ぶ東清鉄道の利権はひきつがれていた。ソ連が鉄道のすべてを満洲国に売却するのは一九三五年のことである。それまでは、東清鉄道の管理のために革命後のソビエトからボリシェビキ(ロシア共産党員)が送りこまれていた。『私の鶯』のなかにも、ハルビンの劇場で亡命音楽家たちが上演するオペラにヤジを飛ばすボリシェビキが登場する。革命に追われた白系露人も、革命側の赤系露人も共存する街だったのである。

ロシア帝国の支配下でも、革命後のソビエトでも圧迫され、さらにその西方のナチスドイツの台頭によって危険にさらされたユダヤ系のひとびとも、ハルビンへ流れてきた。亡命者のなかには一定数のポーランド人がいた。アルメニア人もいた。満洲事変以後、ハルビンから奉天へ、満洲国から租界の上海へ、さらにそこから海外へと安住の地をもとめて移動するものは後を絶たなかったが、それでも、一九四二年の満洲国国務院統計では、総人口の約〇・一六パーセント、概算六万七千人弱の「その他外国人」として、アジア系ではない住民、スラブ系、ユダヤ系、トルコ系、アルメニア系のひとびとなどが居住していたと把握されている。李香蘭に声楽の手ほどきをしたマダム・ポドレソフはイタリア出身だが、帝政ロシアからハルビンへ、そして奉天へと居を移した亡命貴族の妻だったという。北京では、マダム・ポドレソフの紹介で、やはりロシア人歌手のマダム・ペドロフに指導を受けた。終生の友であり、ポドレソフにひきあわせてくれたリューバ・モノソファ・グリーネッツは、ユダヤ系のロシア人だった。

『私の鶯』は、満洲事変後の一九三二年日本軍進駐後という設定だったが、ハルビン交響楽団が一九四一年に実際に上演したオペラ『ファウスト』『スペードの女王』をドキュメンタリー的手法で引用していた。それによって「満洲におけるオペラの開花は、日本による満洲への軍事介入と直接結びつけられ」、いわばこの映画は「満洲において亡命ロシア人が独自に築き上げて来た文化史の再解釈に加担」(「『私の鶯』に写った李香蘭の神話と現実」二〇一ページ)したというのがメリニコワ氏の分析である。

一方、雑誌に発表された『私の鶯』のシナリオと、普及版の九九分のビデオを対照させた渡辺直紀氏は、白系ロシア人が赤軍に追われて満洲に逃れる場面の大幅削除、シナリオでくりかえし歌われることになっている「皇帝に捧げる命」の削除や他の楽曲への差し替え、物語の背景にある軍事色や国際情勢の説明の省略とりわけ満洲事変の際の日本人居留民団の籠城の様子の簡略化、中国人の巡警の横暴なふるまいのカット、満里子のロマンスの相手である画家の上野憲二(松本光男)など脇役のサブストーリーの削除、等々を指摘している。もともとは一二〇分を超える大作だったという『私の鶯』が、いつどこで誰の手によって七〇分にカットされ、あるいは一〇一分にカットされたのかはわからないが、赤軍の表象や中国人巡警の表象の削除をみると、ソビエト・ロシアへの配慮や、中国への配慮もうかがわれ、メロドラマとして、音楽映画としての方向づけが読みとれる。

にもかかわらず『私の鶯』がながくお蔵入りになってしまった理由として、『李香蘭 私の半生』は、『月刊ミュージカル』編集長・西久保三夫氏の言葉を引いて「関東軍報道部は「満州国人にみせるべき啓蒙価値、娯楽価値が無く、国策にそわない映画」と判断し、封切を見送らせた」(二七八ページ)としている。佐藤忠男氏の見解は「この非常時にロシア歌曲ばかり歌っている西洋の映画みたいなものとは何事だ！ と、検閲で睨まれたのではなかろうか。(中略)製作者が岩崎昶だったことで、検閲官がとくにそう見たかもしれない」(『キネマと砲聲――日中映画前史』岩波現代文庫、二〇〇四年、二七六ページ)というものである。日本国内で公開が見送られたことにならって、満映自身も公開の機を逸したのだろうとも述べている。岩野裕一氏は、映画の完成が大幅に遅れたために、一九四四年二月に閣議決定された「決戦非常措置要綱」以降の、高級娯楽の禁止、交響楽団の会員制、個人演奏家リサイタルの禁止、一時間四〇分を超える映画興行の禁止などの禁止項目に抵触したであろうことを示唆している。戦後になっても公開されなかった事情については「戦後、製作に協力した東宝が公開を図ったが、亡命ロシア貴族のサイドに立ちすぎた描き方であることや、旧満映が消滅したため、著作権の所有関係が問題化することなどが心配され、結局、劇場上映されることはなかったともいわれている」(「幻の映画「私の鶯」上映！ ハルビン懐古の山口淑子さん」『週刊読売』一九八七年五月一〇─一七日、三七ページ)と報じられた。

撮影現場では、島津保次郎監督のもとで、満洲映画協会から池田督と李雨時が助監督としてはたらいた。満洲映画協会に所属した文学者・長谷川濬(一九〇六─一九七三)も『私の鶯』のロシア語指導にあたった。彼は、李香蘭がセリフの発音ができるだけではなくロシア語の文法から理解できるように教えてほしいと言ったと、彼女の利発さと向上心を記憶にとどめている。長谷川濬の長兄は長谷川海太郎(一九〇〇─一九三五)、海太郎は、アメリカの放浪生活を経て、帰国後は林不忘・谷譲次・牧逸馬という一人三人の筆名で活躍、林不忘名で著した丹下左膳シリーズでは映画界にもなじみ深い流行作家であった。濬の次兄が、パリに遊学した画家で地味井平造の筆名では幻想文学も物した長谷川潾二郎(一九〇四─一九八八)である。弟には『シベリヤ物語』などで知られる小説家の長谷川四郎がいる。長谷川濬は、大阪外国語学校(大阪外国語大学を経て大阪大学に統合)にロシア語を学んだ。芸術家兄弟の一人である。後年、黒澤明が映画化する『デルス・ウザーラ』(一九七五年)の原作、『デルスウ・ウザーラ　アルセエニエフ氏のウスリイ紀行』は一九四二年に満洲事情案内所という書肆から長谷川濬・長谷川四郎兄弟の共訳で上梓された。くわしくは川崎賢子『彼等の昭和長谷川海太郎・潾二郎・濬・四郎』(白水社、一九九四年)を参照していただきたい。

生前、山口淑子氏におめにかかる機会をえた際、長谷川濬の言葉をお伝えし、覚えていらっしゃるかうかがったところ、短い沈黙の後「私、偉かったのね」(「語る李香蘭――山口淑子インタビュー」『Intelligence』八号、二〇〇七年、八八ページ)と、はぐらかされた。

だが『李香蘭 私の半生』には、満映の理事長に就任した甘粕正彦が「長谷川濬さん(牧逸馬・別名林不忘の弟、作家・故長谷川四郎氏の実兄)の泥のついたボロ靴を見て人事課長を呼び、すぐに靴を支給させた」(一四六ページ)というエピソードを紹介している。甘粕理事長がそういう気配りのできる人物であったという回想である。この長谷川濬が、『私の鶯』の製作時に通訳・翻訳にあたった一人であるとは、むすびつかなかったのだろうか。

『私の鶯』のロシア語指導や、通訳・翻訳に関して、彼女が言葉をにごしたのは、通訳の一人、アレクサンドルと名乗った青年が、ソ連政府のスパイだったことを後に知らされたためかもしれない。満映で音楽を担当していた竹内林次氏が、シベリアの収容所に抑留されていたとき、憲兵の制服を着たアレクサンドルが日本人捕虜の取り調べにあらわれたという。「彼女の跡をつけて北京、上海、新京と飛びまわった(中略)映画の通訳をつとめたのも、お目あては彼女だったのさ」(『李香蘭 私の半生』二七七ページ)とのアレクサンドルの言葉を、彼女は引いている。

それだけではなかった。一九八八年六月、新宿の安田生命ホールで『私の鶯』が上映されたおりに、竹中重寿氏から「上司の山下高級参謀(中佐)の命令で、ハルビン・トムスキー劇団の団員になりすましたスパイと一緒に、主役のバリトン歌手サヤーピンと李香蘭の尾行を担当した」「特務機関は、岩崎さんや島津監督をはじめ、関係者のほとんどをマークしていた」(同書、二七八ページ)と伝えられたこともある。竹中氏は、満洲国立大学ハルビン学院卒業後、関東軍情報本部ハルビン陸軍特務機関に徴用され、謀略班に配属された。ハルビン特務機関は陸軍中野学校出身者が多かったことでも知られる。

興味深いのは、それらの情報を知った彼女の反応である。「ところで日ソ双方のスパイたちはおたがいがスパイであることを知っていたのだろうか。またダブル・スパイはいなかったのだろうか」(『李香蘭 私の半生』二七八ページ)。情報戦に通じた者でなければ出てこないような問いであり、また、疑問形をとってはいるものの、ある程度回答を想定した反語の響きもある。

『私の鶯』の撮影現場が諜報関係者の関心を集めたのにはいろいろな要因があろう。製作の岩崎昶は一九四〇年に治安維持法違反で検挙され、保釈後に満映東京支社嘱託にむかえられた人物である。島津保次郎監督は松竹蒲田調のメロドラマに徹して、戦意高揚ものに背を向けていた。

そして岩野裕一『王道楽土の交響楽』によれば、そもそもハルビン交響楽団は、経営難をハルビン特務機関によって救われていたことがわかる。音楽家や音楽愛好家の多かったハルビンの白系露人や亡命ユダヤ人の動向を探り、亡命者間の融和をめざす文化工作の装置として重要だったからである。形式上はハルビン市公署観光課に所属する公的団体だが、常務理事を特務機関から派遣していた。『王道楽土の交響楽』は一九三八年四月一九日の哈爾濱(ハルビン)交響管弦楽協会設立総会で選出された役員構成を紹介している。会長に市長、副会長に副市長と哈爾濱鉄副局長、顧問に特務機関長、省長、総領事、ポーランド領事、ドイツ領事、白系露人事務局長、ユダヤ人協会長、商工公署長ほか市内各新聞社長、そして常務理事に小野崎仁ハルビン特務機関嘱託という顔ぶれである。

ハルビン交響楽団と長期にわたり共同作業を行った『私の鶯』が、諜報の対象になったのも驚くべきことではなかっただろう。国際都市ハルビンの四季と歴史を表象する映画であるとはいえ、また、寒さの厳しいハルビンでの撮影が難航したとはいえ、足かけ二年におよぶとは長すぎないか。そこで構築されたネットワークはどのようなものだったのか、インテリジェンス(情報戦)関係者であれば関心を抱かずにはいられなかったはずだ。

2 親友リューバの謎

『私の鶯』の流暢なロシア語のセリフと歌唱は、彼女の少女時代からの友人リューバや、リューバに紹介されて師事した声楽家マダム・ポドレソフラとの交流によって素地がつくられたものでもあろう。音楽の才能といい、語学力といい、彼女は艶やかで魅惑的な「声」のひとであるだけではなく、「耳」のよいひとであったに違いない。

自伝によれば撫順から奉天に向かう遠足の汽車のなかで偶然隣りあわせにすわり、やがて親友となったリューバ・モノソファ・グリーネッツは、ユダヤ系ロシア人だった。奉天にはロシアからハルビンを経て多様なひとびとが移り住み、彼女にはトルコ系ロシア人の友人もいた。

彼女とロシアとの繋がりにはふたつのネットワークがある。ひとつは親友リューバとの関係であり、いまひとつはリューバに紹介されたポドレソフラら声楽家との関係である。両者は時に交差している。

声楽家として、また舞台人としての彼女の力量は、過小評価されているかもしれない。マダム・ポドレソフはドラマチック・ソプラノの名手ということだったが、その弟子である彼女は、やがて「小鳥の囀《さえず》るようなコロラチュア・ソプラノ」(『李香蘭 私の半生』四三ページ)をわがものにする。『私の鶯』ではリリック・ソプラノを聴かせた。メリニコワ イリーナ「『私の鶯』に写った李香蘭の神話と現実」は、映画『私の鶯』の楽曲分析をしている。「服部良一の「私の鶯」(日本語歌詞はサトウハチロー作)は、明らかにアレクサンドル・アリャービエフ(一七八七―一八五一)の有名なロマンス曲「鶯」の影響を受けて書かれた」と指摘する。メリニコワ氏は、一九世紀中ごろのロシアで形成された音楽ジャンルとしてのロマンス曲は、革命後のソ連では人気が衰え「代わって好まれるようになったのは、政治色のある威勢のいい合唱歌であった。ロマンス曲は亡命ロシア人のジャンルとみなされ」るようになったと解説している(二〇二一―二〇三ページ)。

満映時代の彼女のステージは『支那の夜』公開以来、日本でもたいへんな人気だった。一九四一年二月一一日、紀元節の「建国祭記念、日満親善、歌の使節 歌ふ李香蘭」(白井鐵造構成・演出)に観客が殺到し、会場の日本劇場をとりまく人混みに、消防車が出動して散水したといういわゆる「日劇七まわり半事件」は数々の李香蘭神話のなかでも知られたエピソードである。満洲映画協会在籍中には、東京滞在時の声楽の師は「蝶々夫人」で世界的成功をおさめた三浦環(一八八四―一九四六)だった。「歌ふ李香蘭」フィナーレは、三浦環の弟子が花束を渡すという演出になっていた。

宝塚歌劇で一時代を築き、レヴューの王様と呼ばれた白井鐵造作・演出で、翌一九四二年には、満洲国建国一〇周年慶祝とめいうたれた第三回東宝国民劇公演『蘭花扇』の主役・孟姜女を演じている。

日中戦争の末期、満映を退社して上海に活動拠点を移した李香蘭は、すでに映画製作の余裕もなくなったこの租界都市で、中日合作音楽会「夜来香幻想曲」を開催した。『私の鶯』の公開がかなわず、『嫦娥奔月』『香妃』などの企画を立てたものの、中華電影聯合股份有限公司(略称・華影)のプロデューサー張善琨が上海から脱出し、日本人スタッフも出征ないし帰国してしまったころのことである。

製作・川喜多長政、草刈義人、音楽監督・編曲は服部良一、脚本構成・辻久一、野口久光、振付・小牧正英、舞台・小出孝、演奏は上海交響楽団、指揮は陳歌辛、服部良一という陣容だった。「川喜多さんと岩崎さん——私が戦前、戦後をつうじ、映画芸術とは何かをもっとも多く学んだのは、日本の映画史にエポックを画するこの二人の映画人からだった」(『李香蘭 私の半生』二八六ページ)と、彼女は回想している。川喜多長政はプロデューサーとして、また時にはあたかも専属マネージャーのように、上海、東京、ハリウッド、香港と、彼女の女優生活をみまもりつづけた。

製作を手がけたもう一人の草刈義人(一九〇九—二〇〇四)は、上海交響楽団のマネージャーだった。服部良一が、ジョージ・ガーシュインの「ラプソディー・イン・ブルー」のようなシンフォニック・ジャズをめざして、李香蘭の持ち歌の「夜来香」を編曲して成功をおさめたことはすでに伝説になっている。「大陸三部作」から『私の鶯』まで、歌う女優・李香蘭に楽曲を提供していた服部良一は、一九四四年六月に応召、音楽を通じての文化工作の任に就いていた。服部の上には、陸軍報道部の将校・中川牧三中尉がいて、ミラノ音楽院出身のテノール歌手という変わり種のこの中川中尉がなにかと便宜をはかってくれた。

戦前は映画評論家として、戦後は溝口健二『雨月物語』(大映、一九五三年)などのプロデューサーとして活躍した辻久一(一九一四―一九八一)は、一九三九年に出征し上海軍報道部で映画行政にたずさわったが、一九四三年の除隊後は、川喜多長政のもと、華影の国際合作処に属し、軍報道部は嘱託職として継続していた。ジャズ、ミュージカル評論家であり、東京美術学校(現・東京藝術大学)出身の映画ポスター画家でもあった野口久光(一九〇九―一九九四)も、一九四二年に上海にわたり、華影に所属していた。戦後は山口淑子の出演作『醜聞(スキャンダル)』(松竹、一九五〇年)や、美空ひばりの『悲しき口笛』(松竹、一九四九年)をプロデュースする、小出孝も、当時は華影所属だった。

バレエ・ダンサーで振付家の小牧正英(一九一一―二〇〇六)は、ハルビンのバレエ学校に学び、上海バレエ・リュスに入団して活躍していた。

榎本泰子「中国音楽史から消えた流行歌――もう一つの「夜来香ラプソディー」」(『東洋史研究』六九巻三号、二〇一〇年)は、この合作音楽会が従来いわれてきた以上に中国人の音楽家にとっても重要であり、「音楽的言語を共有する両国の作曲家の競演という意味合い」があったと指摘する。

服部良一とともにタクトを振った陳歌辛(一九一四―一九六一)は、「歌仙」とたたえられた中国の流行曲作家で、亡命ユダヤ人音楽家ウォルフガング・フレンケル(一八九七―一九八三)に師事した。榎本氏は「フレンケルはシェーンベルクから多大な影響を受けた作曲家で、中国に「十二音技法」を初めて紹介した人物」(四六八ページ)であること、上海交響楽団でヴィオラを演奏していたことを指摘する。プログラムを分析し、音楽会の第三部『夜来香』幻想曲(演奏と独唱)、服部良一編」と、第一部「水上(演奏と独唱)、陳昌寿(陳歌辛の筆名)曲」が、ともに「演奏と独唱」という位置付けであることに注目し、「最初の曲目「水上」は映画の主題歌「漁家女」をモチーフにした管弦楽曲と見られ(中略)服部が「夜来香幻想曲」でシンフォニック・ジャズを試したように、陳歌辛も上海交響楽団を使って、自作の新しいアレンジを試したのではないだろうか」(四七〇ページ)と類推している。

「中川中尉ら報道部の調べによると、聴衆の九〇パーセントまでが中国人と租界に住む外国人(白人)だった」(『李香蘭 私の半生』三二三ページ)と自伝は回想する。そしてその千秋楽に、リューバがあらわれた、と、彼女は述べている。

軍事法廷にひきだされ、漢奸の罪で処刑されるかという瀬戸際で、北京の山口家から戸籍謄本をもたらし、彼女の命を救ったリューバである。彼女が自国を裏切った中国人ではなく、日本人・山口淑子であると証明してくれたのが、リューバの送り届けてくれた戸籍謄本だった。

リューバとの十数年ぶりの再会は、いつのことだったのか。

『李香蘭 私の半生』では、「夜来香幻想曲」音楽会は、一九四五年五月、大光明大戯院（グランド・シアター）で三日間、昼夜二回の公演とされている。その千秋楽の楽屋にあらわれたリューバは、「ポスターの李香蘭の写真を見るとよく似ているし、たしか、ヨシコチャンは奉天でおとなりの李家の義理の娘になったはずだった、と思いだしたので、まさかと思ったけど、来てみたの。あなた、どうして女優になったの、いつ上海にきたの、これからどうするの。こんな立派な劇場でうたえるようになるなんて、考えられなかった」と、リューバの言葉が直接話法で再現されている。その夜、フランス租界のリューバ宅を訪れ、「ハルビン、大連を経由し奉天に亡命してきたユダヤ系の白系ロシヤ人」（以上、三二九ページ）とばかり思い込んでいた彼女とその一家が、じつはボリシェビキで、父親も、兄も、リューバも、上海のソ連総領事館につとめているということを知ったという。

『李香蘭 私の半生』出版後に、「夜来香幻想曲」音楽会のプログラムを入手したのだろう、二〇〇四年刊『「李香蘭」を生きて』には、プログラム写真を掲載しており、それによれば、このリサイタルの日時は、一九四五年六月二三日から二五日までの三日間、二時半と八時の二回公演ということがあきらかになっている。前出『申報』新聞広告では、平安戯院『哈爾濱歌女』の映画広告の下に、大光明大戯院「李香蘭歌唱会」の広告が掲載されている。「夜来香幻想曲」リサイタルにあわせて『私の鶯』が公開されたということだろう。

ところが「夜来香幻想曲」スタッフの辻久一の回想によれば、リューバはかなりはやい時期から上海軍報道部の映画係に接触しているのである。太平洋戦争開戦後、一九四二年に入るとはやくも、日ソ不可侵条約をタテに、上海租界にソ連映画を配給するように圧力がかかりはじめたという。窓口が辻久一だった。日中戦争開始後のいわゆる孤島期の上海では、フランス租界の映画館でソ連映画を観ることができた。太平洋戦争開戦後、日本軍が進駐するとフランス租界もソ連映画を上映禁止にしていた。それをなんとかしようとソ連映画の配給者としてあらわれたのがリューバとその父だったのである。辻久一『中華電影史話　一兵卒の日中映画回想記 1939–1945』(凱風社、一九八七年)はリューバの印象を次のように語っている。

日本語が達者で、時にはまくしたてるという感じさえあった。大連に生まれたので日本語は幼時からおぼえたと言って、特に自慢する様子でもなかった。日本語が流暢なだけにこっちが言いまけそうになることもあり、手ごわい相手だった(三三二ページ)

リューバと辻久一は、政治的な含みのあるはらの探り合いをくりひろげる関係となった。「その交渉はごく穏やかな談笑のうちに、一つのことをさまざまな言い方に変えて、ゲームを続けていたようなもの」(同書、三三三ページ)だったという。

事態が変化するのは一九四五年、陸軍が関東軍の精鋭を南方へ移送し、ソ連と事を構えるのを避け、親ソ方針をうちだしたころのことという。上海軍陸軍部内に海軍報道部が同居し、陸軍側と緊密な連絡をとるようになった。対ソ接近工作の担当者である森参謀が、ソ連映画上映の希望を入れ、華影の川喜多長政につなぎ、ソ連映画が五年ぶりに上海租界で上映されることになった。辻久一はリューバに丁重な感謝の礼を伝えられたという。

問題はその次である。「この頃、《香妃》の製作待ちというか、シナリオの打ち合わせというか、そういうことで李香蘭が上海に滞在していた。そして、李香蘭が北京の学生時代、リュバと親友であったことが分かった。二人は奇縁ともいうべき再会をよろこんだ」、というのである。

リュバと親密になっていた森参謀はこれを知って、李香蘭に親ソ工作（といっても、まず在上海のソ連官民と交際を深める仕事であろう）に一役買ってほしい、と依頼した。李香蘭の歌唱の力量は、《萬世流芳》などを通じてソ連人も知っている。森参謀は、李香蘭にソ連の歌をうたうよう希望した。リュバが斡旋して、彼女は「カチューシャ」や「黒い瞳」など、ソ連人の愛好する歌謡をロシア人の声楽教師について勉強を始めた。リュバは、森参謀の対ソ工作の重要な窓口の一つになった。こんなことで、ソ連の国家としての意図をわが国に好意的に向け直せるのか、私は横目づかいに森参謀の仕事の一端を眺めていた。李香蘭には気の毒だった。《香妃》の企画を立てた本人の張善琨は、いま戦線の向こう側にいるのである。（中略）彼女の身近にリュバがまめまめしくつき添っているのを何度か見た。（同書、三三四—三三五ページ）

そしてリサイタルの計画については、李香蘭が『萬世流芳』（一九四三年）製作時に、フランス租界の蘭心大戯院(ライシャム・シアター)でリサイタルをひらいたことにふれつつ、大光明大戯院のリサイタルは裏方の辻の予想をはるかに越える反響で、「九九パーセントが中国人聴衆なのも成功」とふりかえっている。「レパートリーには《萬世流芳》の主題歌、「カチューシャ」「黒い瞳」などのロシア民謡も如才なく入っていた」(以上、同書、三四一ページ)。曲目がプログラムと一致していないけれども、『李香蘭 私の半生』でも、『萬世流芳』から「売糖歌」、そして「カチューシャ」「黒い瞳」が歌われたことになっている。

もっとも、辻久一の記述に対して、彼女は、異をとなえている。

『中華電影史話』は貴重な資料だが、この件には若干の事実誤認がある。まずリューバと私は「北京時代」ではなく「奉天時代」に知りあっている。また、軍関係者から音楽をつうじて日ソ友好につとめてほしい——と言われたことはあるが、「工作」を「依頼」されたことはない。さらに、上海での声楽教師はリューバが斡旋してくれたのではなく、川喜多長政氏が「女優をやめて声楽家の道を目ざすなら、よい先生について レッスンを怠らないように」と、ユダヤ系ロシヤ人のベラ・マゼル女史を紹介してくれたのである。(中略)「工作者」森参謀の意図はともかくとして、リューバも私も、そしてベラ・マゼル女史も、そうした政治的な駆けひきを知らずにいたのだった。(『李香蘭 私の半生』三三三ページ)

「北京時代」より以前、「奉天時代」の少女のころからの親交であると、彼女はリューバとのイノセントな友情を強調している。ロシア民謡を含め、声楽の勉強は、奉天、北京、そして上海と、継続していたことも、これまでにみてきたとおりである。ベラ・マゼル女史は戦後、上海からニューヨークに移り住み、彼女は渡米の際にそこでも声楽のレッスンを受けることになる。

彼女は「工作」という概念を受けいれることを拒んだが、戦争末期の緊張関係のなかでは、音楽をつうじて日ソ友好につとめることもまた、文化工作であったに違いない。戦時下には和平工作もまた「工作」であり、動揺するひとびとの心を音楽をつうじて慰めることも、りっぱな「文化工作」である。百歩譲って、彼女もベラ・マゼル女史もその政治的な駆けひきを知らなかったとして、一九四二年以降、ソ連映画の上映要請をつうじて文化工作にかかわっていたリューバが、それを知らなかったということがあるだろうか。

そもそも一九四三年六月に封切られた『萬世流芳』は、「観客動員数は中国映画はじまって以来」(同書、二九八ページ)の大ヒットという。このとき、李香蘭はフランス租界の蘭心大戯院で小さなリサイタルをひらいているが、フランス租界は前述のように上海におけるソ連映画上映のテリトリーだった。辻久一のように年季の入った軍報道部の担当者をもたじろがせる手ごわい交渉相手のリューバが、「李香蘭」の情報にふれることがなかったとしたら、むしろ不自然ではないか。

太平洋戦争開戦後、辻が交渉の窓口だった時期には言を左右にソ連映画を上映させなかったというのに、戦局があやうくなって親ソ方針をとらざるをえなくなったとたんに、森参謀は上映を許可した。「リュバと親密になっていた森参謀」「リュバは、森参謀の対ソ工作の重要な窓口の一つになった」と辻は書いているが、森参謀がリューバを一方的に利用しただけではなく、リューバもソ連映画の上映を実現するために森参謀を利用していたのである。辻の表現には抑制が効いているものの、森参謀とリューバという日ソ両国の文化工作者の親密なあいだがらには、何があったのか。男女の関係があればあったで、なければないで、それにもかかわらず森参謀の信頼をかちえたリューバは、なかなか凄腕と読める。

一九四五年八月七日、前日に広島に投下されたのが「アトミック・ボム」であると華影の中国人重役から聞かされた辻は、それについて尋ねようと軍報道部に立ち寄る。そこで「つい先頃、あのリュバが父親と共に森参謀の許可で、ハルビンまで航空便を利用して上海を去ったと聞いた。森参謀もずいぶんリュバ父娘にのめりこんだものだが、何か考えがあるのだろうくらいの感想しかなかった」。ところが「八月九日、ソ連の参戦、「満州国」侵攻と共に長崎への第二の原爆投下が報じられた。私は報道部から電話で呼び出され、報道部長から直ちに上映中のソ連映画の回収を要請された。(中略)戦局の前途は、文字通りまっくらである。中・ソ・米・英の連合攻撃により、大陸でも内地でも、日本人は軍民共にみな殺しになるのではないかと胸がふさがった。と同時に、数日前に、森参謀の許可で、空路ハルビンへ飛んだというリュバ父娘は、今日九日のソ連開戦を知らされていたのではないか、という現実的な問題に思い当たり、日本人のお人好しが何とも言えないほどつらく感じた」(『中華電影史話』三四二―三四三ページ)と、その日をふりかえっている。上海軍報道部は、リューバに手玉に取られた形だった。

それ以上に気になるのは、辻久一が、リューバと李香蘭の再会について、「夜来香幻想曲」リサイタル以前のことという前提で終始語っていることである。『李香蘭 私の半生』は辻が前提とする時系列についてはふれずに、「陸軍報道部の関係者から、「あなたはリューバと友だちだし、ロシヤ語もできるのだから、ロシヤ人の友人知人も多いでしょう。日本とソ連は戦争をしておらず、れっきとした外交関係があるのだから、かれらとはせいぜい仲よくしてください。今度はロシヤ民謡のリサイタルを開いてはどうですか」と言われたことはある」(三三一ページ)と回想している。これを読むと、「夜来香幻想曲」リサイタルののちに、「ロシヤ民謡のリサイタル」を提案されたかのようだ。が、辻の著述にある「彼女の身近にリュバがまめまめしくつき添っているのを何度か見た」、「夜来香幻想曲」リサイタルで彼女が歌ったなかには「「カチューシャ」「黒い瞳」などのロシア民謡も如才なく入っていた」というくだりは、どうしても、リューバが「夜来香幻想曲」リサイタルの準備段階から、李香蘭のまえに姿をあらわしていたとしか読めない。リサイタルの稽古場には蘭心大戯院があてられていた。当時、辻の住居は蘭心大戯院からそう遠くないところにあって、準備を手伝っていたという。辻が記したこの時系列について『李香蘭 私の半生』はあえて修正をもとめていない。

リューバが「夜来香幻想曲」千秋楽の楽屋にあらわれたというくだりは、李香蘭神話のなかでもとりわけドラマティックな箇所である。しかしながら、二人の再会は、華影の製作の最高責任者である張善琨が上海を去って重慶側にのがれた一九四五年五月から、「夜来香幻想曲」リサイタルの六月二三―二五日までのどこかで、すでに実現していたのではないだろうか。ソ連映画の上映を求めて一九四二年以来、上海軍報道部と折衝を重ねていたリューバには、李香蘭がおさななじみの山口淑子であることに、気づく機会があったはずだ。一九四五年に日本軍が親ソ方針に転じるまで名乗り出ることを控えていたものの、姿をあらわすには、あらわすだけの、思惑が、あったかもしれない。

それでも、「赤系であろうと白系であろうと、私にとってリューバはリューバだった」(『李香蘭 私の半生』三三〇ページ)という彼女の言葉にいつわりはあるまい。そして、リューバは、日本の敗戦後、虹口の収容所にふたたびあらわれ、彼女の命を救ってくれた恩人でもある。『李香蘭 私の半生』執筆時に、リューバのその後の足取りはまだわかっていなかった。ソ連に帰国した亡命者たちや、ユダヤ人がどれほど理不尽な迫害を受けたかを知るだけに、リューバのインテリジェンス(情報)関係者としてのはたらき、文化工作者としての側面について掘り下げなかったのは、その身の安全への配慮でもあっただろう。

一九九八年、ロシア共和国エカテリンブルグでリューバと再会し、その夫が国家反逆罪で逮捕され、フルシチョフ時代にようやく自由になったこと、その夫にも息子にも先立たれていたことを知る(『「李香蘭」を生きて』)。リューバがどんな辛酸を舐めて生きたことか、察するにあまりある。

『「李香蘭」を生きて』には、わかれぎわ、兄について尋ねると、「ナナサンイチブタイを知ってる?」(一八二ページ)と、そこだけ日本語でささやいたという。『李香蘭 私の半生』によれば、一九四五年六月下旬の「夜来香幻想曲」リサイタルのころ上海のソ連総領事館につとめていたはずのリューバの兄である。それから一月あまりでソ連軍の満洲侵攻と同時に証拠隠滅を指示されて、施設を破壊し撤収したはずの七三一部隊に捕らえられて生体実験の被害者となるとは、いつどこで可能になったのか。にわかに信じがたい。なぜリューバがそのように謎をかけるような問いを発したのか、リューバとは何者だったのか、わからないままだ。

注1 『私の鶯』の「満里子」の形象には、スパイという性格はまったくない。が、村松梢風「男装の麗人」のヒロイン「満里子」は中国の情報を日本軍にもたらしたスパイである。しかも漢奸として処刑された川島芳子の罪状は「男装の麗人」の「満里子」のモデルであったことが一つの証左とされていた。『「李香蘭」を生きて』に訳出された「川島芳子(金璧輝)裁判記録」には次のようにある。「次の証言は被告人のスパイ行為が紛れもない事実であることを充分に証明している。つまり、日本人村松梢風の著書「男装の麗人」および日本報道部で情報管理していた中佐の山家(亨)が李香蘭に指図して主演させたこの小説の映画版『黎明の〇』別名『満州建国の黎明』を調べると、被告人の秘書小方八郎は供述のなかで「小説に描いてある内容は日本に生まれ、上海に渡った若い中国人女性樺島満里子が中国の軍人に好かれるのを利用して中国の軍事情報を入手し、日本側に報告するというストーリーだ。樺島満里子はつまり川島芳子のことで、聞いた話では映画の内容も川島芳子がスパイを働く筋立てになっているそうだ」と述べている」(一九六―一九七ページ)

川島芳子をモデルにしたという小説や映画の内容によって、なぜ「被告人のスパイ行為が紛れもない事実であることを充分に証明」しうるというのか理解に苦しむ。

しかも、秘書を語る者の証言はいいかげんである。「日本報道部で情報管理していた中佐の山家(亨)が李香蘭に指図して主演させたこの小説の映画版『黎明の〇』別名『満州建国の黎明』」にあたる映画に心あたりがあるという関係者はいない。引用にあたる箇所は益井康一『漢奸裁判史』では「「黎明の暁」〔このタイトルは誤りと思われるが、原文通りにしておく〕」(二八〇ページ)とされている。

大衆の幻想と欲望のなかだけではなく、法の言語と論理のなかでも、身体と表象、表象とモデルがないまぜにされ、李香蘭と川島芳子が結び付けられていたのである。

第4章　上海映画と彼女

1　孤島期上海――映画合作／映画工作のグレーゾーン

映画の都・上海を彼女がはじめて訪れたのは、一九四〇年『支那の夜』のロケだった。このとき中華電影の川喜多長政をたすけて現場の手配など実務をこなしたのは、劉吶鷗(一九〇五―一九四〇)だった。

劉の本名は劉燦波、日本植民地下台湾の大地主の家に生まれ、来日して一九二〇年に青山学院中等部に編入、一九二六年に高等部英文科を卒業し、上海の震旦大学(現・上海交通大学)仏文特別班に学んだ。若くして昭和モダニズムの気運の高まりにふれた彼は、みずから「新感覚派」を名乗ってモダン・ガールの闊歩する都市小説を書き、横光利一ら日本文学の「新感覚派」の紹介者としても力を尽くした。出版業を手がけたものの国民党の弾圧により挫折し、一九三〇年代半ばより映画界に転じる。一九三七年七月七日の盧溝橋事件を発端に日中戦争が全面化し、上海租界が「孤島」となって以来、劉吶鷗は上海の映画統制に乗り出した日本の関係者と中国の映画人とをつなぐ役割を果たした。三澤真美恵氏は『「帝国」と「祖国」のはざま――植民地期台湾映画人の交渉と越境』(岩波書店、二〇一〇年)において、劉吶鷗は一九三七年末から三九年初頭にかけて日本側の映画工作に積極的に関与しており、とくに一九三八年夏ごろから、日支合弁の映画会社すなわち中華電影設立の準備にかかわって、人材を呼び寄せる任務にあたったのが劉であると述べている。一九三九年春に上海に到着した川喜多長政を迎え、川喜多と孤島上海の大物プロデューサー張善琨をひきあわせたのも劉であったという。

川喜多長政は、日本の国策のおしつけと武力侵略の加担者となることを避けるべく、上海映画人のつくった映画を中華電影で配給する、中華電影製作部は占領地区で上映するニュース映画とドキュメンタリーを扱い、中国人の劇映画をつくらないという方針をとった。川喜多の方針は「それまで日本軍と中国人の間で「漢奸」と呼ばれながら映画工作に従事してきた劉吶鷗にとって、自らの存在意義が失われることを意味するものであった」(『「帝国」と「祖国」のはざま』一六九ページ)と、三澤氏は指摘する。自身の原則に従うなら日中合作『支那の夜』への協力に川喜多はあまり乗り気になれなかっただろうし、映画の配給ではなく製作にたずさわりたかった劉がロケの面倒をみたこともうなずける。

先に述べたように、『支那の夜』は一九四〇年六月に封切られた。同月二八日、劉吶鷗の盟友で国民新聞社長であった穆時英(一九一二―一九四〇)が暗殺される。辻久一は「穆時英というのは劉の親友であるが、蔣政府(引用者注・重慶の蔣介石政府)の「中央統計局」(CIAに当たる)の密命を受けて、汪政府(引用者注・南京の汪精衛政府、親日派)系の国民新聞の社長となった。堂々と地上に出たスパイだ。ところが、重慶側の地下工作者間の連絡がわるかった。穆自身も年少で、当然自分がスパイであることは地下工作者に知られているものと考え、身辺の警護に無関心であった。そのために穆は、味方であるべき地下工作者によって漢奸として殺害された」(『中華電影史話』一三四―一三五ページ)と述べている。これに対して三澤氏は「穆時英については、重慶政府の密命を帯びていたが「汪精衛派の理論に熱意を持ち、重慶側と手を切ろうとした」ために暗殺されたという説がある」(『「帝国」と「祖国」のはざま』一七二ページ)ことを紹介している。国民新聞は南京の汪政府によって特工総部主任に任ぜられた李士群(一九〇五―一九四三)の監督のもとにあった。李士群は、一九三〇年代半ばに呉佩孚を親日政府の指導者として擁立しようとこころみた土肥原機関の工作が挫折したころこれに近づき、上海で情報活動をはじめたといわれている。漢奸に対する重慶側の抗日テロと、これをむかえうつ、共同租界ジェスフィールド七六号を本拠とした李士群の特工総部は、血で血を洗う抗争をくりひろげることになる。

劉吶鷗は中華電影製作部次長の地位についたまま、穆のあとをついで、国民新聞の社長をひきうける。一九四〇年九月二日、汪精衛が南京で穆時英ら「和平殉難同志」の追悼大会をもよおした翌三日、四馬路の京華酒家で射殺された。

当日は松崎啓次(一九〇五―一九七四)が記録映画『珠江』製作のために上海に立ち寄った石本統吉とそのスタッフを昼食に招いており、劉はそこに同席していた。松崎啓次はプロキノ(日本プロレタリア映画同盟)に参加し、『戦旗』に執筆歴がある。PCL(現・東宝)に所属して記録映画『南京』(秋元憲監督、一九三八年)、亀井文夫監督『北京』(一九三八年)『上海』(一九三八年)、おなじく亀井監督『戦ふ兵隊』(一九三九年)の製作を担当した。『戦ふ兵隊』は厭戦的であるとして上映禁止、ネガは処分され、亀井は一九四一年治安維持法違反容疑で逮捕され監督免許を剝奪される。辻久一は松崎が「プロキノに在籍したこと、戦争の勃発によって急速に軍に接近したことなどが、川喜多をはじめとする国内の各社から派遣されてきた日本人と、どことなく肌が合わないところがあったようだ」(『中華電影史話』一三四ページ)と回想している。松崎啓次と劉吶鷗はいずれも中支那方面軍特務部の映画統制の責任者・金子俊治少佐を窓口にしていたが、金子少佐は川喜多の上海入りより前に内地へ転出していた。三澤氏は、劉吶鷗は日本の植民地下の台湾出身でありながら「中国」映画人、上海映画人を代表し、「日本軍と上海映画人との間をつなぐパイプ役であった」が、「中国を深く理解し中国語も流暢な川喜多長政が登場し、上海映画界の大物プロデューサーであり重慶とも密接に連絡を取っていた青幇の幇員でもある張善琨が直接パイプをもったとき、日本軍にとっても青幇にとっても劉吶鷗の利用価値はなくなっていた」(『「帝国」と「祖国」のはざま』一七四ページ)と解説している。金銭のトラブルがあったとの証言もある。蔣介石の前妻・毛福梅に関するシナリオを準備していたことがその筋の逆鱗に触れたとの見方もある。日本軍、重慶政府、南京政府、映画界を牛耳る秘密結社・青幇、「単純な二者間関係の結果ではなく、上述の複数のアクター間において利害が相互に絡み合うなかで、ある者が示唆し、ある者が黙認し、ある者が直接手を下した結果として起こった」(同書、一七六ページ)のが劉吶鷗暗殺事件だというのが三澤氏の見解である。

『李香蘭 私の半生』は、日本の敗戦後、軟禁状態の彼女のもとに「漢奸としての罪を問わないかわりに、ときどき東北(旧満州)地方へ視察旅行に行っていただきたい。(中略)共産八路軍が進出している地方の情勢を探ってきてほしい」という申し出があったと回想している。「本当に国民党政府側からのスパイの誘いだったのか、あるいはあの青幇らしきグループが私の〝思想〟を試してみたのか、いまだにわからない」としながらも、彼女は申し出をきっぱり断り、ことなきをえたという。青幇については「一種の秘密結社だが、地下経済を牛耳っているだけではなく地上経済のあらゆる利権とも関係があり、政治工作や諜報活動も請け負っていた。「CC」や藍衣社《らんいしゃ》の仕事の下請けをしている青幇もあったが、日本軍や汪兆銘傀儡政府につながる組織もあった。上海の青幇の巨頭には杜月笙《とげつしょう》、黄金栄《こうきんえい》、張嘯林《ちょうしょうりん》の御三家があった」(以上、三七二―三七三ページ)と説明している。

CC団は、陳果夫、陳立夫兄弟が結成した秘密結社「中央倶楽部」を起源とする、蔣介石の国民党独裁にくみする情報機関で、二人の「陳」の頭文字から命名したとも、「中央倶楽部 Central Club」に由来するとも伝えられる。藍衣社のほうは蔣介石直属の国民党政府の情報機関で、イタリアのファシスト党の黒シャツのむこうをはって藍色の制服をまとっていたところから藍衣社と呼ばれた。CCが私的機関であるのに対して、藍衣社は国民党の正式機関であり、戴笠(一八九七―一九四六)の指揮のもと、軍事委員会調査統計局(軍統)の実権を握った。蔣介石はCC団と藍衣社の統一をはかったが、日中戦争全面化の過程で、両者は再分割されている。『李香蘭 私の半生』は、

ＣＣを軍事調査統計局と呼んでいる。辻久一は『中華電影史話』で、暗殺された穆時英について、「「中央統計局」（ＣＩＡに当たる）」の密命をうけて汪精衛政権管轄下の国民新聞社長をひきうけたと述べた、「「中央統計局」（ＣＩＡに当たる）」とそこで呼ばれたのが、軍統すなわち「調査統計局」のことかと推測される。

劉吶鷗は、青幇の黄金栄の門徒である厳春堂と密接な関係にあった（『「帝国」と「祖国」のはざま』一七四ページ）。劉亡き後、川喜多長政と手をたずさえて中華電影を動かしたプロデューサー張善琨は黄金栄と師弟関係を結んでいた（矢野目直子「日中戦争下の上海に生きた映画人――張善琨（上）」『中国研究月報』vol. 51、一九九七年三月、三ページ）。

松崎啓次がひらいた昼餐を所用があると中座し、階段を駆けおりるところを、劉吶鷗は狙撃された。のちに山口淑子は、その日、彼女は劉と逢う約束をしていて、暗殺されたことを知らず、いつまでも待ち合わせ場所で待っていたと語っている（山口淑子・藤原作弥対談「李香蘭が見たモダン上海」『東京人』二〇〇六年一一月号）。『支那の夜』の公開後、スター街道を走っていた彼女がなぜそのとき、上海にいて、どのような用件で劉と逢おうとしていたのかつまびらかではない。複数の民族、イデオロギー、情報機関、秘密結社がからみあう複雑なポリティクスのなかに上海の映画人は生きていて、劉吶鷗も李香蘭もその例外ではなかった。

やがて一九四四年、彼女は満洲映画協会を辞して上海に拠点を移す。映画人としてより良い環境を求めて、あるいは甘粕正彦理事長を頂点に情報戦と宣撫活動のための映画づくりに専心する満映の政治性からはなれようとして、などといわれがちである。だが、満映を出れば政治的に自由になれるというものではなかった。上海租界の映画人は、満映以上に錯綜した政治の渦のなかに置かれていたのである。

2　租界上海の映画とインテリジェンス

日中戦争全面化で日本軍にとりかこまれて「孤島」になろうと、日米開戦によって完全に日本軍の占領下に置かれようと、上海こそが中国映画の中心だった。中国人がつくる中国人のための映画である。

満映スター李香蘭にとっても、上海映画は憧れの対象だった。一九四三年中華電影・中華聯合製片公司・満映の合作映画『萬世流芳』によって、彼女は、中国人がつくる中国人観客のための映画に出演するという夢をかなえる。もっとも満映から出演は李香蘭、スタッフとして企画担当の岩崎昶がついただけではあったものの「日本人の息のかかった映画を製作すべきだ、という満映の圧力が強かった」（『李香蘭　私の半生』二九二ページ）ためか、不信感をいだく出演者もあり、その出演者に抗議や脅迫状が送られたりもした。『萬世流芳』は張善琨プロデュースで、監督に卜萬蒼、朱石麟、馬徐維邦という、上海映画の四大巨頭が名を連ねる豪華な製作陣だった。が、当時、中華電影研究所附設文化製片廠技術処主任をつとめていた野口久光「中国映画人素描」（『新映画』一九四四年八月号、一六ページ）によれば卜萬蒼は「撮影中不幸にして病に倒れ、李香蘭出演場面の大半だけが彼の手に成つた」といい、馬徐維邦は「主として史実考証に当つたもので直接撮影監督には当つてゐない」、朱石麟は「李香蘭、陳雲裳共演の場面を監督しただけで、これまた不幸病ひに倒れた」という。上海映画界総力を挙げた大作の撮影に精魂尽きたか、日本軍、満映、そして上海映画人、中国人観客の各方面に配慮せざるをえない気骨の折れる映画づくりであったのか、はたまた、その分業は危機を分散するたくみなはからいでもあったのか。

ともあれ、中国の大スター高占非、陳雲裳、袁美雲らと共演した李香蘭は、満映女優から中国全土に知られる女優へと成功の階段をのぼることになった。「川喜多さんは「延安(毛沢東主席の共産党政府の拠点)にも、重慶(蔣介石国民党政府の首都)にもフィルムが行っているよ」と満足げだった」(『李香蘭 私の半生』二九九ページ)、「北朝鮮(朝鮮民主主義人民共和国)を訪れたとき、金日成主席からは知己のように握手を求められ、「抗日ゲリラ隊が立てこもっていた中国吉林省のアジトであなたの映画をみたよ」と言われた」(同書、三〇〇ページ)ともいう。李香蘭の歌う「売糖歌」のレコードも大ヒットした。辻久一は次のように回想している。「《萬世流芳》の興行的成功は、かなりの点で李香蘭の魅力に負う(中略)彼女の歌は、汪政府の行政地区、つまり日本軍の占領地区に、大変なはやさで、しかも口づてでも広がってゆき、また対峙する戦線を越えて重慶政府の行政地区へもはげしい勢いで浸透していった」(『中華電影史話』二四六ページ)。

上海映画人が監督する『萬世流芳』製作にあたり、東亜同文書院で教鞭をとる影山巍《かげやまたかし》がサポート役となった。日中バイリンガルが売り物の李香蘭だが、上海訛りの強い卜萬蒼監督の指示がまったく聴き取れずに立ち往生したというエピソードもある。影山巍は『詳註現代上海語』（文求堂、一九三六年）、『実用速成上海語』（文求堂、一九三七年）などの語学教科書の著作もある上海語研究の専門家だった。『現代笑話』（中日対訳、蔣君輝訳注、文求堂、一九三六年）など一般向けの著述もある。「上海に於ける言語」（『支那研究』第一八号、東亜同文書院支那研究部発行、昭和五年二月）、「支那の国語統一問題」（『支那研究』第二七号、東亜同文書院支那研究部発行、昭和六年一二月）などの論文では、多民族多言語の中国問題を考察している。一九一三年設立の読音統一会以降、国語統一籌備委員会にいたるまでの中国における国語統一、国語改革、国語教育と国文教育の変遷を、日本語文献の読者と研究者に向けて、ていねいに紹介している。

現代風にいうなら、国語の創生によるナショナリズムの組織化が、影山巍の関心事だった。多言語国家中国がかかえる、政治、交通、教育の不統一と混乱、阻害される振興を憂慮すべき問題とみている。ただし中国における「国語普及運動」の必要を説きながらも、他方では「所謂胡越一家五族共和の支那各地の言語につき耶蘇教会に於て翻訳されたる聖経」だけみても三五種もあるという事実は動かしがたく、性急に北平（北京）中心主義、国語一元化をはかることをすすめたわけではない。彼は、上海語、広東語、北京語と、複数の中国語教科書を手堅い手法で編集している。

影山巍は中国語研究の碩学であるばかりでなく、彼が籍を置いた東亜同文書院は、中国語教育と同時にインテリジェンス（情報）研究と中国研究フィールドワークの拠点でもあった。影山は、大衆教化のメディアとして映画に注目し、とりわけ上海映画をはじめとする「有声電影」の台頭すなわちサイレント映画からトーキー映画への移行期にあたり、「影片公司との連絡をとり完全なる国語と完全なる国音とを明確に吹込み語国《ママ》の普及宣伝に利用する事は有効無二の妙法」(「支那の国語統一問題」一九〇ページ)であるという提言もしている。彼にとって『萬世流芳』の発音指導、通訳として映画にかかわったことは、国語国音の「普及宣伝」に映画を利用するという自身の試論の実践にも相当しただろう。

影山巍の子息、影山澈《とおる》氏は「上海日僑中学生の終戦日記」(『平和の礎――海外引揚者が語り継ぐ労苦』第一二巻、平和祈念事業特別基金編、二〇〇二年)で李香蘭について、次のように回想している。「李香蘭こと山口淑子さんの父上である山口文雄氏は、父の北京留学時代の先輩であり、中華電影社長の川喜多長政氏も留学時代の学友であった」。昭和一五(一九四〇)年ごろから彼女は映画スターとして撮影で上海を訪れるようになり、「父は上海有名人士を紹介したり親交が深まっていた。昭和十七年、閘北の我が家にも数回来られ、父は彼女にアヘン戦争映画『萬世流芳』の中国語せりふの発音を教授」(二七三ページ)したこともある、と。

山口文雄が同学会にいつごろ在籍したのか、正確な記録はない。影山巍の在籍期間は一九一九年から二二年にかけての三年間だった。北京時代にすでに川喜多長政の知遇を得ていたというが、川喜多は北京大学に一九二二年に進学している。影山は上海に移り、一九二五年一二月に東亜同文書院講師となり、一九二八年助教授、一九三四年教授に昇進している。[注1] 一九四〇年六月に上海東亜同文書院大学が刊行した『創立四拾週年東亜同文書院紀念誌』には影山巍が昭和一一(一九三六)年五月に勤続十年の表彰を受けた記録があり、「大正十四年十二月十七日講師委嘱、昭和十五年三月二十一日退職」と付記されている。一九四〇年三月退職後の東亜同文書院との関係は非常勤のようなものだったのか、詳細はあきらかではない。

一九二〇年に山口淑子が誕生したころには、父・文雄はすでに満鉄に職を得て、北煙台に居を構えており、両親の出会いと結婚の地は撫順であったと自伝は語る。淑子の生後間もなく一家は撫順に移ったという。とすると、山口文雄と影山巍とは、現役の学生時代を、同じ学舎で過ごしたというよりは、先輩の山口が卒業後も同学会の人脈に連なり、交友関係を絶やさずにいたおかげで、影山とも親交を深めたということだろうか。影山は一九三〇年六月二一日付で東亜同文書院の命をうけ「最近北支那ニオケル国語普及状態調査研究ノタメ大連営口遼陽奉天撫順開原四平街地方ニ出張」している。この任務で撫順を訪れたとすれば、当地の満鉄の中国語講師をつとめていた山口文雄に面会をもとめたとしても不思議ではない。

北京同学会は、一九三九年に北京興亜学院と改称し、財団法人化を経て一九四一年に専門学校として認可され、一九四三年には東亜同文会に吸収されるかたちで移管、一九四四年に北京経済専門学校と改称する。『北京同学会の回想』(不二出版、一九九五年)をあらわした那須清氏は、一九三九年に旅順中学校を卒業して北京興亜学院に進学、二年半の学業をおさめて一九四二年に卒業しているが、開校記念日の催しに李香蘭があらわれたと証言している。北京の東単三条の民団ホールで行われた記念の会に李香蘭が「居合わせていた」。那須氏は早々に帰寮したが、ホールでは「李香蘭にステージに立ってもらうとかもらわぬとかでもめた」(一五五ページ)、寮でも一悶着あったといい、学友が李香蘭のサイン入りブロマイドをほこらしげにみせてくれたのが心中うらやましかったともいう。那須氏は言及していないが、彼女が北京興亜学院の開校記念の催しに「居合わせていた」理由は、同窓生である父・山口文雄と同学会との深い関係抜きには考えられない。北京興亜学院と改称したのが一九三九年一二月一日、那須氏がその開校記念日に出席したとすれば、一九四〇年か四一年の一二月一日のことだろう。

通訳・翻訳、そして語学教育は、戦時下には情報戦の人材育成と複雑にからみあうことになる。北京同学会が時にライヴァル視した、上海の東亜同文書院(一九〇一年設立)は、その教育の先進性、教員と卒業生がになった調査活動の広さと深さ、調査能力の高さに定評があり、戦後はやくから検証がすすんだ。東亜同文書院は人事の認可を外務省にもとめており、そのため、アジア歴史資料センターに影山巍の履歴書関係書類もおさめられていた。影山巍は北京同学会と上海の東亜同文書院の双方にかかわった逸材ということになる。その影山著『実用速成北京語』(文求堂、一九四〇年)に寄せられた王世英の序文には、あるとき、影山氏は中国人と偽り北京の法廷へ出て証言したが、終始日本人であるとは悟られなかったというエピソードが紹介されている。これは影山の語学力がいかに秀でたものであったかを示すエピソードであるだけではなく、その語学力がどのような場面でどのように用いられたのか、その一側面を暗示するエピソードともいえる。

上海に進出し中国全土の映画観客に認められることになった李香蘭に、影山巍が紹介したという

「上海有名人士」とはどのような面々であったのか。興味は尽きない。

影山澈「上海日僑中学生の終戦日記」によると一九四六年「三月某日、父から「李香蘭(リーシャンラン)小姐が、うちの路地向かいの日の丸旅館に極秘でいる。この書類を届けてくれ」と言われて一通の封筒を渡された」(二七三ページ)という。

自伝が語るところによれば、一九四六年二月中旬の「軍政部の一室」に設けられた「軍事裁判所の法廷」において、彼女の漢奸としての疑いは晴れ、国外退去の処分が決まった(『李香蘭 私の半生』三八〇―三八一ページ)。二月二八日に乗船予定だったが、点呼の最中に帰国者の列から連れもどされた。「川喜多さんと私はまたぞろ収容所にもどされ、今度は別のグループと共同生活をさせられながら取調べを受けることになった」。「十日後に問題は解決したが、港湾警備隊としては自分たちのミスで漢奸の国外逃亡を見逃したとあっては大変なので漢奸裁判の裁判記録をチェックしたいと主張した」。「漢奸裁判」の実態がどうだったのか、後世の歴史家の誰もが知りたいところで、いまのところ誰一人その「裁判記録」をみたという者はいない。自伝にもその「記録」がどのようにチェックされたのか、その過程についての記録はない。ただ「三月末出航の引揚げ船・雲仙丸での帰国が改めて決まった」(以上、同書、三八三―三八四ページ)というだけである。それは「裁判記録」を「港湾警備隊」の誰かが読んで判断した結果なのか、記されてはいない。

ともあれ、一九四六年三月というのは、最初の出国に失敗して連れもどされたころに相当する。影山澈氏のエッセイによれば「当時の日の丸旅館には作家の堀田善衛、日経新聞の緒方俊郎、朝日新聞の林俊夫、室伏クララなど文化人諸氏が七、八人たむろしていた」という。

日の丸旅館は「収容所」だったわけではなく、そこにたむろした文化人たちは「取調べを受けていたわけでもない。

堀田善衛(一九一八―一九九八)は、一九四五年末から一年ほどのあいだ中国国民党中央宣伝部隊に工作委員会の技術雇用日僑として「留用」されていた。「留用」とは中国大陸、旧満洲、台湾などで戦後、日本人を中国の新体制のためにとどめおいて活用したことを指す。「留用」の対象者には、技術者、医者から映画人などがあった。辻久一も「留用」の候補者の一人で、一九四六年引揚げの直前に呼び出され、京都大学に留学したという重慶政府軍の佐官級将校と、上海軍報道部上司であった中川牧三中尉から「政府は今後の日中友好のため文化工作を重要視し、そのために適当な者を選択して上海に残し、生活も保障し、安心して仕事をさせたいと希望している。君はその人選に入った」と告げられたが、固辞したという(『中華電影史話』三五五ページ)。堀田善衛『上海日記　滬上天下一九四五』(紅野謙介編、集英社、二〇〇八年)はこの時期の記録だが、堀田の場合はむしろ上海にとどまることをえらんだようでもある。一九四八年に上海で客死した室伏クララ(一九一八―一九四八)も対日文化工作委員会ではたらいている。ゾルゲ事件の尾崎秀実との交友があって上海に飛ばされていた林俊夫も対日文化工作委員会の一員であった。つまり、引揚船から連れもどされた李香蘭が「今度は別のグループと共同生活をさせられながら」というその「別のグループ」とは、国民党中央宣伝部対日文化工作委員会に留用された文化人たちだったのである。彼女になんらかの書類を届けた影山巍も「中央宣伝部対日文化工作委員会に仮の席をおいた」(「上海日僑中学生の終戦日記」二七四ページ)という。

なぜ李香蘭が国民党中央宣伝部対日工作委員会に留用された文化人グループと共同生活をさせられたのかは、わからない。堀田善衛はさして重要な任務をあたえられはしなかったと回想したが、彼らが「留用」されたのは、広義のインテリジェンス要員としてである。漢奸の疑惑をかけられた彼女を監視させたというのでもなさそうだ。むしろ彼女が「留用」の候補者となったとかんがえるのが自然ではあるが、それも、日僑文化人の住宅事情がどのようなものだったのかなど、当時の事情がわからず、なんともいえない。

彼女より先に引揚げたひとびとが彼女の消息をもたらした。「元満映女優李香蘭は上海の施高塔路に居住し支那側憲兵隊の仕事に従事してゐるが、物価高の上海で相当贅沢な生活をしているやうだ」(「李香蘭は健在　最近の上海だより」『西日本新聞』一九四六年三月二一日、元国民政府公務員・林米男の証言)など、彼女が「留用」されているという報道もあった。

上海から雲仙丸で引揚げた彼女は博多の引揚援護局で記者団の取材を受けた。西日本新聞は「是非残つて中国の映画に出演しろとすすめられました、中国第三軍(引用者注・国民政府第三方面軍)の文化担当の人からも中国側に徴用したいと云ふ話でしたが私は日本人だしお断りして帰つてきました」(一九四六年四月二日)と報じている。

影山澈氏は闘病中とのことで残念ながらお話をうかがうことがかなわなかった。影山巍が李香蘭に届けた書類とはなんだったのか、いまとなってはわからない。彼女の帰国後、影山家には「素人ぽく写った彼女のパスポート写真が数枚、ポツンと残されていた」という。なぜ「彼女のパスポート写真」がそこに残されることになったのか、あるいはブロマイドがわりの置き土産でもあったのか、それもわからない。

影山家のひとびとは一九四八年五月一七日早朝、引揚船の海王丸で上海を出航した。影山巍は引揚団長に指名された。敗戦から引揚げまでかなりの歳月を上海で過ごした理由について、「父は在華三十五年の「老上海」であり、今更八人の大家族を連れて、荒廃し飢餓に苦しむ祖国に帰っても生活ができない」(以上、同書、二七四ページ)と家族に説明したようだ。しかしながら東亜同文会が中華民国に接収されたのち、関係者が帰国して一九四六年には愛知大学を設立し東亜同文書院のリソースを結集させたことを考えるなら、有力な教授であった影山巍の敗戦前後の身の振り方には澈氏が語っていない何かがありそうである。

米国公文書館所蔵の「山口淑子ファイル」には影山巍に言及した文書がある。一九六二年九月二六日付、DAVID K TOYAMA の署名入りレポートである。それによれば影山巍は大戦中の中国における日本人の残虐行為やインテリジェンス活動に関する長尺の中文レポートを「対日文化工作委員会」(the Cultural Operation Committee 略称COCJ)に提出した。影山自身、東亜同文書院教授時代に海軍のインテリジェンス活動にかかわったとされる。引揚げ後しばらくして九州大学の教員になった。ただし、当該レポートの情報は、山口淑子を影山巍の姪とし、影山巍の出身地を佐賀県とするなど(実際には千葉県出身)、山口淑子と影山巍との関係を強調しようというバイアスのかかった誤情報が含まれる。「上海日僑中学生の終戦日記」から、彼女が影山夫妻を「おじさま」「おばさま」と呼ぶ仲であったことは知れるが、血縁関係ではない。冷戦期、米国のエージェントは、影山と新中国のインテリジェンス活動との関連に神経をとがらせていたようだが、真偽のほどはあきらかではない。注2

3　映画『上海の女』――表象の転移と再編

彼女は自伝において、自身の人生を、日中戦争下の「李香蘭」と、上海から引揚げたのちの「山口淑子」とに、峻別して語っている。戦争終結と同時に、「李香蘭」を捨てて、平和の時代を「山口淑子」として生きた、という言説は、ほとんど彼女の語りによって構築された神話になっている。この神話は、アジア・太平洋戦争と戦後日本とを断絶としてとらえたいという、読者の欲望にもかなっていたのかもしれない。

しかしながら、彼女はそのような二分法がもっとも困難な上海租界で活躍した映画スターの一人であった。そもそも彼女が現役の女優であった一九五〇年代までは、「李香蘭」を捨てるという強固な決意をもっていたのかどうかも疑わしい。

たとえば『上海の女』である。

この映画は、東宝の、以下のスタッフによって製作された。監督・稲垣浩、製作・田中友幸、脚本・棚田吾郎および稲垣浩、撮影・玉井正夫。主演は山口淑子、三國連太郎。一九五二年八月一四日に封切られた。お盆休みをあてこみ、終戦記念日を前に公開されたのである。

『上海の女』は、日本人の両親のもとに生まれ、日本に亡命体験のある中国の高官に養女として引きとられ、上海で歌姫として活躍する李莉莉(山口淑子)と日本の特務機関の真鍋中尉(三國連太郎)との死に至るロマンスを描く。彼らの運命は、上海を舞台に展開される南京政府(汪兆銘派)の特殊工作と、重慶政府(蔣介石派)の特殊工作との謀略と流血のテロに翻弄される。和平工作のために重慶に向かおうとする莉莉の養父とこれを阻止しようとする汪兆銘派の争闘を、太平洋戦争の敗色濃い日本の情報機関はコントロールすることができない。真鍋は恋ゆえに莉莉に特務の情報を洩らし、養父は逃れるが莉莉は捕らえられ裁きを待つ身となる。真鍋は、「莉莉は日本人であり裁かれるとしたら日本軍に裁かれるべきだ」として身柄を確保するが、汪派の特工機関「六十七号」のボス丁士邨(二本柳寛)には莉莉への恋の恨みがあり、横恋慕は憎しみに転じ、身柄の引き渡しを要求する。敗戦を前に日本軍上層部は保身と妥協をはかり、莉莉を「六十七号」に渡してしまう。処刑が決定し、真鍋はせめて最後は自分の銃で莉莉の最期をと願うものの、どうしても撃つことはできずに銃を捨てて彼女に向かって駆けより、ともに銃殺されてしまう。

映画公開前後に、映画雑誌に掲載された『上海の女』物語には、映画と結末を異にするヴァージョンがある。たとえば『近代映画』(一九五二年九月号)では、真鍋は一度は愛情のあまり、みずから莉莉を撃とうとするがかなわず、その四日後、日本敗戦の報を聴きながらクラブ「パラマウント」

で彼女が愛したシェリー酒とともに毒を仰ぐ。『映画ストーリー』(一九五二年一〇月号)によれば真鍋は、莉莉の死の数日後、ポツダム宣言受諾に沸く上海のクラブでピストル自殺をする。雑誌掲載の映画物語は、公開前の情報にしたがったパブリシティだろう。じっさいの映画の結末は、当初の設定より、いっそうドラマティックに盛りあげられている。

稲垣浩監督、山口淑子、三國連太郎のトリオは、時代劇『戦国無頼』(原作・井上靖、脚本・稲垣浩、黒澤明、音楽・団伊玖磨、主演・三船敏郎、東宝、一九五二年)に引き続いての組み合わせだとおおいに宣伝された。悲恋あり、銃撃戦あり、華やかな歌唱あり、中国語、日本語、英語の会話が自在に交わされる娯楽大作だった。けれども同時代の反響はあまり芳しくなかった。

『キネマ旬報』(一九五二年九月上旬号)「日本映画批評」で滋野辰彦は「山口淑子にシナ服をきせ、得意のシナ語の歌をうたわせることに、企画の根本があったのではないか」との「邪推が可能なほど」、「作為」的で「必然性」が感じられず、「重慶政府と日本軍南京政府の特務工作」という題材も「政治的な角度か人間観察の見地が、よほどしっかりできていなければ、すでに今日の時代的感覚からずれている」「シナ語、日本語、それに英語まで飛び出す奇妙なこの映画は、稲垣浩にとっては最悪に属する作品である」(七四ページ)と、散々に批判した。新中国成立、サンフランシスコ講和条約発効後の冷戦期の「時代的感覚」は、それほどまでに日中戦争と謀略戦を過去のものにしていたのだろうか。むしろ現代の観客であればそこに関心を抱くであろう要素、情報戦の闇、複数の文化の共存と葛藤などが、批判の対象となっている。

著名な批評家がほとんど黙殺する一方で、無署名記事「百万人の映画鑑賞」(『新映画』一九五二年一〇月号)は、『上海の女』の、戦時映画との連続性を指摘していた。「戦争中、中華電影と共力《ママ》して日華合作映画を作ったことがある稲垣浩は、勿論国際都市上海を知り尽している」。「「東は東」の主演以来、国際的女優の声高い山口淑子をして大陸的なエキゾチックな魅力を持っていた李香蘭時代を再燃させようという東宝の企画」であるととらえることができる。これは世界的にみれば、アメリカの娯楽映画の一ジャンルである「エキゾチック映画、異国情緒映画」の系譜に連なる。アメリカ映画の場合には例をあげるなら「ターザン物とか、南海物、アラビアン・ナイト物」がそれにあたる。エキゾチック映画の根底には現実逃避があり、その魅力は「満たされぬ観客の異国への夢をかりたてるロマンチシズム」「好奇心から発展した外国風な趣向への憧れ」にある。日本映画において「こういうジャンルの映画は、現在はつきりした形で現われていないが、戦争前後に現われた大陸もの、主に中国や満州を背景とした作品のなかに、こういう陰影を探し求めることが出来る。戦争中、東宝が作りあげた長谷川一夫と李香蘭の「白蘭の歌」や「熱砂の誓い」などはそれ〴〵逃避映画としての魅力をそなえていた故、あのような空前の当りをとつたのである。(中略)「上海の女」は、且《ママ》つての大陸物の延長と見てい〻」(以上、四八―四九ページ)と。

非常に目配りのよい時評である。ハリウッド娯楽映画のジャンルとの比較といい、「大陸物」映画との連続性といい、敗戦後の日本映画から一時的にエキゾチック映画ジャンルが姿を消しているという指摘といい、きわめて的確であろう。ただし、一般に「大陸三部作」と呼ばれる李香蘭映画のなかでも最も著名で最もヒットしたはずの『支那の夜』にあえて言及せず他の二作のタイトルのみあげているのは、占領期に『支那の夜』の上映が自粛されていた経緯があるからだろうか。注3戦時下における日中映画の交流と一九五二年『上海の女』との関係については、単純に、断絶か連続かの二者択一では語りつくせない。

「百万人の映画鑑賞」が指摘した、稲垣浩監督の上海体験および中国映画人との協力とは一九四四年に大映と中華電影公司の合作で製作された『狼火は上海に揚る』(中国語タイトル『春江遺恨』)を指す。大スター阪東妻三郎を主演に配し、八ヶ月にも及ぶ上海ロケを行った大作である。九二分、一九四四年一二月二八日に公開された。阪妻演じるところの高杉晋作が留学先の上海で太平天国の乱を見聞して攘夷の念を固くしたという逸話を、中国から欧米列強の影響力を配するという大東亜共栄圏のスローガンに重ね合わせた国策映画である。この日中合弁の映画製作は中華電影の川喜多長政が手がけた。あわせて、中国側の製作者および観客からみても、時代物に借りて同時代を風刺する「借古諷今」として成り立ちうる要素がしつらえられていたこと、演劇と映画とのジャンルの越境や再編、本作と同時代の上海映画との関係、租界とその外および大陸とその外の中国語映画文化圏との越境的な交渉など、『狼火は上海に揚る』の国策プロパガンダに収斂できない多義性については、二〇一八年一月二七日の20世紀メディア研究会例会(国際シンポジウム「貫戦期における日中映画――『狼火は上海に揚る』『上海の女』と『白蛇伝』から見る歴史と表象の連鎖と断絶」)において邵迎建氏が「『花街』と『春江遺恨』(邦題『狼火は上海に揚る』)――庶民／権力・宣伝」として発表されて

いる。[注4]

アヘン戦争に疲弊した中国で、太平天国の乱の指導理念は西洋からの外来宗教であるところのキリスト教であり、結果的には欧米諸国が太平天国に敵対し清朝側を利することで乱は鎮圧された。植民地支配のためなら裏切りをいとわずに旧勢力と手を組む英国の説く近代の理念など信用できない、それは一九世紀の太平天国の乱の時代にも、同時代の二〇世紀のアジア・太平洋戦争においても同様であるというのが表向きの国策メッセージだったが、中国の観客は容易に、一九世紀の侵略者英国イメージを二〇世紀の日本軍イメージに転移させて受容したであろう。

くわしくは邵論文にゆずるとして、稲垣浩について付言するなら、彼は戦時下の名作『無法松の一生』(大映、一九四三年)において、人力車夫(阪東妻三郎)の大尉未亡人(園井恵子)への恋があらわされた場面、賭博・喧嘩にかかわる場面が検閲でカットされ、GHQ占領期には「封建的」「軍国主義的」とみなされた「日露戦争大勝祝賀の提灯行列」「青島陥落時の提灯行列で軍歌が歌われる場面」などがカットされるという痛恨の体験をし、一九五八年にこれをリメイクして無念を晴らしたといういきさつもある。戦後版『無法松の一生』は、三船敏郎と高峰秀子の配役で、脚本は一九四三年版の検閲前の伊丹万作のものを用いた。リメイク作品はヴェネツィア国際映画祭で金獅子賞を受賞している。稲垣浩のモチベーションに照らせば、彼は、上海の映画をあらためて撮りなおしたかったのである。それは、戦時下の諸条件にしばられて不本意なままに終わった『狼火は上海に揚る』の単純な延長上に『上海の女』が位置するというのではない。戦時下には描きえなかった上海を映画化する、彼にとっての上海イメージをつくりなおすといった必然性が、監督には確かにあったということである。

稲垣浩『日本映画の若き日々』(毎日新聞社、一九七八年)は回想する。『狼火は上海に揚る』を「作った私たちは、劇中の高杉が清国の太平天国の乱を客観的に眺めていたように、太平洋戦争というものの起こりやその結末を、少なくとも冷静に眺めていた」(二七四ページ)と。しかも同書によれば、当初『狼火は上海に揚る』のヒロインに内定していたのは李香蘭で、その打ち合わせで会った彼女は「日華合作映画の必要性と重大さ」を滔々と語り、「わたくしでお役に立つことなら、なんでもいたします。中国のためにレールとなって働けたら、こんな喜びはございません」と弁じたという。彼女の美貌と聡明さと雄弁にうたれた稲垣は「この人が出演してくれれば今度の仕事は成功だろう」(二〇二ページ)と意気に燃えていた。ところが「中華電影公司としては、日華合作映画に満映の女優が主演しては意味がない」(二〇三ページ)と水を差され、立ち消えとなった。李香蘭が満洲映画協会を辞して上海に移住するのは一九四四年のことである。

『上海の女』について、東宝の製作本部長・森岩雄は「李香蘭のリサイタルですか」と皮肉ったというが「僕としては、まぼろしに終わるはずだった李香蘭との仕事は、やはり李香蘭としての夢が描きたかった」(同書、二〇三ページ)とも、稲垣は述懐する。ちなみに『戦国無頼』『上海の女』の音楽を担当した団伊玖磨を稲垣に引き合わせたのも山口淑子だった。

監督が「李香蘭としての夢」を表象しようとした『上海の女』は、山口淑子にとっては何を意味する作品だったのか。彼女はこの作品においてふたたび中国服を身にまとい、流暢な中国語、日本語、英語をあやつり、重慶政府と南京政府とのあいだで翻弄され、彼女を育んだ中国と彼女に生を与えた日本とのあいだで揺れ、艶やかに「夜来香」を歌う。映画のなかで、歌手・李莉莉のレコード「何日君再来」がかかると日本軍憲兵は、これを禁じる。レコードから流れる李莉莉の歌声は李香蘭＝山口淑子のものだ。日中戦争当時「何日君再来」には、いつの日か日本軍が中国大陸を去り中国人にとってふさわしい政治家が帰ってくることを願うという寓意が読みとられていたことが知られている。『李香蘭 私の半生』のなかで、「「売糖歌」(引用者注・『萬世流芳』一九四三年の劇中歌である)がヒットしはじめたころ、私は宣伝の意味もあって蘭心劇場(ライシャム・シアター)で小さなリサイタルを開いたことがあったが、そのときにうたった「何日君再来」について工部局(共同租界の行政・警察当局)から呼びだしを受けた」と回想している。[注5]

李莉莉は、通敵行為に問われ、彼女を裁くべきは日本なのか中国なのかとの議論が起きる。それらは、李香蘭＝山口淑子の実体験とずいぶん似通っている。「李莉莉」という役名は「李香蘭」と頭韻を踏み、彼女のハリウッドにおける芸名「シャーリイ」と脚韻を踏んでいる。「李莉莉」は彼女をモデルにしているのか、あるいは、「李香蘭」がそうでありえたかもしれないいまひとつのイメージであるのか。彼女は彼女自身を演じているのか。または彼女にかけられた疑惑、日中戦時下における情報戦への関与をあえて銀幕の虚構として可視化し、「李莉莉」の死を演じることで、「李香蘭」を葬り去ろうとしたのか。山口淑子が「李莉莉」を演じたことの意味は、スクリーンの上だけでは完結しない。

「李莉莉」のモデルとしての「李香蘭」イメージを別としても、『上海の女』は日中戦争末期の租界における諜報戦とテロについて、史実をおさえた上でつくりかえている。

南京政府の汪兆銘派の特務工作機関「六十七号」「七十六号」は、暗殺と拷問で恐れられたジェスフィールド「七十六号」のつくりかえである。「七十六号」は汪兆銘政府公認の国民党中央委員会特務委員会特工総部と称した。映画における「六十七号」の汪派のボス丁士邨とは、ジェスフィールド「七十六号」を立ち上げた丁默邨(一九〇三—一九四七)と李士群の二人の名を合体させた役名である。実際にはこの両名が「七十六号」で力をふるったのは、土肥原機関による上海での工作が不調に終わった後、一九三九(昭和一四)年春ごろから一九四三年末くらいまでである。

これは先の節で言及した劉吶鷗暗殺事件と前後する時期にあたる。映画はポツダム宣言受諾直前という設定だが、戦争末期には、丁は失脚し、李は毒殺され、特工総部は政治保衛局に改編されていた。

丁默邨は一九三九年末のテロ事件をきっかけに失脚にいたり、一九四〇年三月に、ジェスフィールド七六号の主任を李士群に譲った。李士群の管轄のもとにあった国民新聞社長が一九四〇年六月の穆時英、九月の劉吶鷗と、あいついでテロにたおれるのを防ぐことができなかったのは、この間のジェスフィールド七六号の求心力の緩みにも一因がある。

丁默邨にしかけられたテロは日華混血の美貌の女スパイ鄭蘋茹(一九一八—一九四〇)による工作と

喧伝され、耳目を集めた。鄭蘋茹は、法政大学に留学後、復旦大学教授を経て江蘇省高等法院第二分院主席検察官をつとめた鄭鉞(鄭越原、一八七八―一九四三)を父に、日本人・木村はな(鄭華君、一八八六―一九六六)を母に、二男三女の次女として生まれた。彼女は丁と愛人関係を結び、クリスマス・プレゼントにシベリア毛皮店のコートをせがんで店を訪れたところ、襲撃事件が起きた。重慶政府の特務機関の指示によるテロと伝えられている。彼女は現場から逃走したがジェスフィールド七六号に捕らえられ、上海郊外で処刑された。彼女と丁の関係については諸説あり、そもそも彼女をスパイとして訓練したのが丁であるとの説もある。

加藤哲郎氏は講演「シベリア抑留とプリンス近衛文隆の死――『異国の丘』『夢顔さん』の実像」(20世紀メディア研究所　第一〇〇回研究会、二〇一六年一月三〇日、早稲田大学)において、近衛文隆(一九一五―一九五六)と鄭蘋茹との関係に言及している。近衛は一九三九年、上海の東亜同文書院に奉職するが、重慶との直接交渉を計画して憲兵隊に検挙され帰国させられた。鄭蘋茹には、この交渉を手引きすると持ちかけた、あるいは「恋愛関係」を結んで情報を得ようとした等の疑いがかけられている。

土肥原機関付を経て影佐機関付、汪政権軍事顧問となり、丁黙邨、李士群の特務工作を指導するという命をうけていた晴気慶胤(―一九五九)『謀略の上海』(亜東書房、一九五一年)によれば、やはり一九三九年ごろ、上海に特派された対ソ情報機関である小野寺機関の長、当時の小野寺信(一八九七―一九八七)中佐に対しても鄭蘋茹の工作があったという。はじめは共産党情報をもたらし、やがて重慶政府の特務工作機関である藍衣社にも情報ルートを持っていると称するようになった。彼女に紹介された藍衣社の工作員は、重慶との直接交渉の可能性をほのめかし、蔣介石の紹介状を手にした戴笠を引き合わせたが、この戴笠と称する人物が真っ赤な偽物だったという。本物の戴笠は軍統(軍事委員会調査統計局)副局長、中美特殊技術合作所主任を歴任した大物である。戴笠は、今井武夫(一八九八—一九八二)が、日本軍と重慶との直接交渉による日中和平工作を画策した「桐工作」における窓口であった。戴笠を騙って小野寺信に近づくとは、「桐工作」の偽りの複製工作、日本側交渉窓口を異にする工作モデルの提示を意味した。日中和平工作を攪乱し、汪政権と日本とのあいだを引き離し、汪派の影佐機関と小野寺機関のあいだにくさびを打ちこむという意図でもあったろう。その過程で、日本軍の情報が重慶に流れるということもあったと推測される。[注6]

晴気慶胤『謀略の上海』におけるジェスフィールド七六号の見聞は太平洋戦争開戦以前のもので、その後については間接情報でしかない。しかしながら『上海の女』には、映画製作の前年に上梓された『謀略の上海』に想を得、流用した表象をいたるところに指摘することができる。たとえば特工の任務とはどのようなものであるのかという解説や、影佐大佐の「梅機関」「梅工作」への言及、「七十六号」ならぬ「六十七号」の建築セット、上海市街地でのテロの描写、特工が処刑場として用いた郊外の描写などがそうだ。

これとは別に、ジェスフィールド七六号の首魁を狙った女スパイ鄭蘋茹は、中国語文化圏においては、小説、映画を通じて、そのイメージをふくらませられ、いくたびも再生産された。

とくに文学的に高く評価され、鄭蘋茹を租界上海のエピソードという枠を越え、大陸外の中国語圏および英語圏にも知られる物語にしたのは、張愛玲(一九二〇―一九九五)の「色、戒」である。上海租界のモダニズムを代表する女性作家であり、近年は魯迅に比肩するとの高い評価を得ている張愛玲は、小説家として、また映画のシナリオライターとして、上海、香港、米国で活躍した。彼女は、台湾文学にも影響を及ぼしている。二〇〇七年に映画化された『ラスト、コーション』(アン・リー監督)は世界各地の映画祭で受賞、センセーショナルな性描写でも話題をさらった。日本でも評判を呼んだ。張愛玲「色、戒」は、一九七九年に雑誌『台湾時報・人間副刊』(台湾)に発表されて短篇集『惘然記』におさめられたが、原型となる草稿は一九五〇年代に英文で書かれた短篇「The Spying」(引用者訳・諜報網)である。

「色、戒」には日中の文化のあいだでの揺れといったモチーフは登場しない。代わりに、蔣介石派、汪兆銘派、そして共産党という乱立するイデオロギーの暴力的な衝突、分裂と葛藤、二重スパイや裏切りが横行し動揺する文字通りグレーゾーンの時空が舞台である。女スパイは王佳芝と名づけられている。ヒロインは中国本土から香港へまた上海へと、越境し、身を偽って敵地の奥深く、その家族の場所へ、さらにその肉体の奥へと侵入する。彼女は抗日地下工作員として、一九四二年の上海で汪兆銘派の特務機関の首領である易に近づく。鄭蘋茹が関与した丁黙邨暗殺未遂事件とは時期をずらしている。しかしながら要人の愛人となり、プレゼントを受け取るために男を連れ出すという暗殺計画、贈り物は鄭蘋茹の史実による毛皮のコートではなくて大粒のダイヤモンドの指輪という設定だが、宝石店はシベリア毛皮店と並んでいるという凝った脚色がほどこされている。暗殺が失敗に終わり愛人の命令で女スパイが処刑される結末など、鄭蘋茹事件の複数の逸話がつくりかえられ、吸収されている。日中戦争開戦後に香港に脱出し、やがて上海に帰ったという設定もまた、丁默邨の軌跡と「色、戒」の易の設定とに共通するところである。

麻雀とセックスに明け暮れ、黄金と宝石を買い漁る、汪兆銘派の富裕層の私生活と社会風俗の表象には、汪派の法制局長官の地位に就いたことのある胡蘭成(一九〇六―一九八一)と一九四四年に結婚した張愛玲の知見が生かされていよう。実際には鄭蘋茹事件当時には張愛玲は香港に脱出中で、直接の見聞の機会はなかったはずである。孤島になる前の上海に育ち、香港に脱出して学び、そこが日本に占領されるとまた上海に戻るという軌跡は、張愛玲自身のものでもあった。汪派高官の胡蘭成と他の女性とのゴシップはたえず新聞を賑わしていたといい、二人は一九四七年に離婚した。

新進作家・張愛玲と女優・李香蘭、同じ一九二〇年生まれのいわくつきの美女を、上海の中国語月刊誌『雑誌』は一九四五年七月二一日、咸陽路二号(現・陝西南路)の「納涼会」企画で対面させている。記事は「納涼会見記」として同誌一九四五年八月号に掲載された。このメディアは「上海日本領事館系の新聞社に属するいわゆる和平文学派の主要誌ではあったが、社長の袁殊をはじめ主な編集者はみな中共地下党員であった[注7]」と藤井省三は記している。袁殊(一九一一―一九八七)は、日本留学経験もあり、文字通りインテリジェンス・スタッフ(情報人員)として、これまでにも名前のあがった戴笠、丁默邨、李士群らと交流があった。上海における日本の情報機関を牛耳る岩井英一と通じ「五面間諜(五つの顔を持つスパイ)」と呼ばれた巨魁である。納涼会見には川喜多長政も同席した。担当編集者の魯風も地下工作員だったという。藤井はその記事で「日本敗戦前夜に中共地下党員の編集になる『雑誌』が、李香蘭・張愛玲両人対面の企画を立てたのは、戦後の文化工作を睨んでのことであったろうか」(二二四ページ)との仮説を提示している。李香蘭(山口淑子)への中国共産党の接触の証左となるイヴェントだった。

張愛玲と李香蘭は、実はこれが初対面ではなかったという説もある。張愛玲が晩年のエッセイ[注8]に「遊園会」で李香蘭に出会ったと回想しているのを手掛かりに邵迎建は一九四四年七月八日、静安寺路の哈同花園でひらかれた、上海新聞連合会主催「市民遊園講演会」での出会いを、張愛玲が「遊園会」での出会いと記銘したのではないかと推測している。[注9]邵論文によれば「一般の人々に南太平洋とヨーロッパアジア大陸の激戦を一層深く認識させるため」と企画されたこの「市民遊園講演会」のほうは、中華電影公司のスターがうたい、映画を上映し、数千ものひとびとが訪れたイヴェントであるという。陳彬龢(『申報』社長、一八九七―一九四五)、金雄白(『平報』社長、一九〇四―一九八五)、袁殊ら「上海メディアの大物」が大会主席団をつとめ、魯風も参加していた。

残念ながら、山口淑子は張愛玲との想い出を何も語っていない。

張愛玲「色、戒」は、租界上海のモダニズムと、新しい女性イメージを示したとして再評価がすすんでいる。「国」が戦乱のなかで求心力を失った時期に、「家」の庇護を離れ、政治思想を同じくする「党派」の男性支配からも逸脱し、挫折するヒロイン像である。意識は恐怖と疑念に揺らぎ、感覚はつねに知的な検証の対象となる。信念が官能に敗れるという単純な構図ではない。女は「この人は本当に私を愛している」と唐突に男を逃すが、男は女の処刑を命じ「二人は原始的な猟師と獲物の関係、虎と虎の手先の関係、究極の占有関係にほかならなかったのだ。彼女が生きていれば俺のもので、死ねばその亡霊も俺のものだ」と思念する。けれども女の確信も男の確信も、いずれもその正しさを根拠づける第三者はなく、そこには愛をめぐるジェンダーの越えがたい非対称性の裂け目が厳然とある。男の幻想は滑稽で、新しい女の自由とはなにものにも庇護されることなく寄る辺のない死を選びとる自由でもある。小説はきわめて象徴的な短篇であり、女スパイと特工のボスとの性的な関係についても高度なほのめかしにとどまっている。映画は行間を掘り起こして挑発的な性描写をつらねている。性愛に侵入する暴力は、性と死とが隣接しているという換喩の表象でもあろうし、上海租界の官能的ないとなみを上海特工の血塗られた支配が覆っているという暗喩でもあろう。

張愛玲の小説およびその映画化作品『ラスト、コーション』を流れる虚無と頽廃の魅力と『上海の女』とを比較するなら、後者は対照的に、情緒あふれるメロドラマである。李莉莉と中国人養父との情愛は血縁を越えてこまやかで誠実であり、友人たちとの信頼は厚く、通敵行為に問われて処刑される李莉莉と日本の特務機関将校・真鍋中尉とはいわば心中のかたちでともに世を去る。良きにつけ悪しきにつけ、この甘さは、日本映画が租界上海に抱いた幻想の質とかかわっている。

映画『上海の女』は、日中戦争と戦後日本を断絶としてとらえたいという観客の欲望のエア・ポケットに呑まれたかのように、正当な位置付けをされぬままにながく放置された作品だった。

しかしながら、日本映画史および中国映画史について、それぞれ日本のなかだけで完結する、あるいは中国大陸の内部だけで完結するという一国歴史観の限界は批判され、満映、上海映画、香港映画、日本映画といった複数の映画製作拠点と越境的に構築され流動する配給網、そして多様な映画人の交流を掘り起こそうという研究が、近年各地でさかんになりつつある。一九三〇年代から五〇年代にかけて、上海租界の文化、日中戦争期、中国内戦期の中国文化の越境と転移、日本のGHQ占領期、冷戦期における日中映画の交流を、立体的、総合的にとらえるためには、たとえば一九四五年八月一五日の前と後で歴史を切断するような見取り図はまったく役に立たない。

これに対して、歴史家アンドルー・ゴードンは昭和恐慌以降一九三〇年代からアジア・太平洋戦争をはさんで一九五〇年代までを「貫戦期」と呼んで現代国家化の時代として考察した。[注10]「貫戦期」レジームとして描かれる歴史像が、たとえば、一九三〇年代「日本資本主義発達史講座」グループとその末裔であるいわゆる「講座派」と似て非なるところは、まず現代化としての「貫戦期」は日本の特殊性ではなく、つねに国際関係に密着し相互関連性をもっており、欧米諸国にも普遍的な性格を備えていたという指摘である。さらに、日本社会における古きものは、「封建制の残滓」というように変わることなく底流に居座っていたのではなくて、それもまた日本の帝国主義化のなかで掘り起こされ、変容し、機能を変えたという観点も重要である。テッサ・モーリス＝スズキ「民主主義の境界は隙だらけ――スパイ活動、密輸などで形成された日本の貫戦期レジーム」[注11]は、「貫戦期」の画期を、国家による開戦と終戦の宣言にみるのではなく、境界領域から、外部から、越境的に織り成されるものとしてインテリジェンス活動や、密輸（資本は国境を越えるものだというだけではなく、密輸はしばしばインテリジェンス活動に付随する経済活動や経済利権である）に注目している。

加藤哲郎氏は『「飽食した悪魔」の戦後――731部隊と二木秀雄『政界ジープ』』（花伝社、二〇一七年）に結実する研究発表「七三一部隊二木秀雄の免責と復権――占領期『輿論』『政界ジープ』『医学のとびら』誌から」（20世紀メディア研究所研究例会、二〇一五年三月二八日、早稲田大学）において、開戦と終戦、政治権力の断絶にもかかわらず容易に空間と時間の境界をくぐり抜けうる要素として、アヘン、覚醒剤などのドラッグ、生物化学兵器などがもたらす病ならびに伝染病、放射能を数えあげている。それらにかかわる人脈も境界をくぐり抜けて連続する。

『上海の女』を「貫戦期レジーム」の映画として、「貫戦期」における日中映画交流の結節点に位置する問題作として、再評価することは可能だろうか？　諸国語の制限がある文学より、映像の方がより容易に越境し伝播し受容され消化される可能性がある。それだけではなく『上海の女』は作中の人物が中国語、日本語、英語を自在に使い分ける映画であり、日中戦争時の日本と中国、あるいは中国南京政府と重慶政府とを横断するインテリジェンス活動を表象する映画であり、これを担う映画人は一九四〇年代における日中の合作映画にたずさわったひとびとであり、この映画を覆うヒロインのイメージは李香蘭＝山口淑子の神話的な表象と結びついていた。

映画における日中戦争時のインテリジェンス（諜報・特務工作）表象としても、再検討を必要とする作品である。文学や映画といった表象文化が、モデルとされた社会の現実や歴史を反映するとか、表象の価値が政治的価値に回収されてしまうと言いたいのではない。むしろ事態は逆であって、表象には表象の位相における連続性や構造化、再生産、越境と継承、転移の過程がある。文芸理論のいうインターテクスチュアリティとは、そのような表象の原典からの離脱と表象の水準における再編、関係化である。

その意味では、本稿が対象とした「李香蘭」「李莉莉」「鄭蘋如」もまた、読まれ、読み継がれ、読み替えられるべき表象であり、テクストである。そうした表現の歴史は、政治経済の歴史によって切断されつつも自立し自律して国境を越えて行く。それは作品の歴史的な限界を越える回路であり、読書行為が意味の生産・再生産に大いに関与する領域であり、わたしたちの現在にもうひとつの選択肢についてなんらかの可能性を示してくれる。

注1　アジア歴史資料センター　レファレンスコード B05015355700
注2　川崎賢子「李香蘭研究の新視角——米国公文書館「山口淑子ファイル」の検証から」『Intelligence』一六号、二〇一六年を参照。

注3　川崎賢子「映画「支那の夜」に対する検閲の多元性――米国公文書館所蔵IWG文書を参照して」『Intelligence』一七号、二〇一七年を参照。

注4　邵迎建「『花街』と『春江遺恨』(狼火は上海に揚る)――権力・宣伝・文化工作者」『Intelligence』一八号、二〇一八年を参照。

注5　山口淑子・藤原作弥『李香蘭　私の半生』によれば「重慶政府ないし共産党政府に帰ってきてほしいという願いをこめて「何日君再来」をうたっているのではないか」という疑いで、中国人の警察官に取り調べられたという(三二一ページ)。

邵迎建「忘れられた細部――張愛玲と李香蘭「納涼会見記」補遺」『UP』二〇〇二年五月は、一九四四年六月二七日『申報』広告に同年七月一日から三日までの蘭心大戯院における「李香蘭独唱会」の広告が掲載されていることを指摘している。邵氏によれば「「何日君再来」はプログラムに載せられてなかった。アンコールで歌ったのであろうか」(三七ページ)とのことで、そうでなくともある種の寓意が託されているとして警戒されている「何日君再来」をうたったこと、しかもそれをプログラムに載せていなかったことは二重の意味で、工部局の検閲者を刺激したのかもしれない。

注6　山本武利『日本のインテリジェンス工作――陸軍中野学校　731部隊　小野寺信』(新曜社、二〇一六年)によれば、「土肥原賢二・影佐禎昭系列のシナ課の特務機関の勢力が圧倒的に強く、彼(引用者注・小野寺信)の機関の現地工作を排除した。もともと参謀本部ではシナ課がロシア課よりも発言力があった。謀略での工作力や実行力でロシア課の期待に応えられなかった彼は、失意のうちに上海から撤退した」という。同書は「小野寺機関時代」を一九三八年から三九年としている。

ちなみに小野寺信は岩手県出身、一九三五年から三八年にかけてはリガ公使館付武官として、欧州の日本人使節団、外国武官と接触し、ソ連の研究、ラトビア、エストニアの参謀から豊富な情報を入手したとされる。次女節子は元・駐オランダ大使の大鷹正に嫁いだ。正の双子の兄弟である大鷹弘が山口淑子の二度目の夫である。大鷹兄弟の父・正次郎(一八九二―一九六六)も岩手県出身、一九三八年ラトビア公使に任命され、バルト三国のリトアニア公使、エストニア公使を兼任した。

注7　藤井省三「李香蘭と張愛玲――一九四五年七月の上海納涼会」『ユリイカ』二三巻一一号、一九九一年一〇月、二二三ページ

注8　張愛玲『対照集――旧いアルバムを見る』台湾皇冠出版社、一九九四年

注9　邵迎建「忘れられた細部――張愛玲と李香蘭「納涼会見記」補遺」『UP』二〇〇二年五月

注10　アンドルー・ゴードン『日本の200年――徳川時代から現代まで』上下巻、邦訳二〇一三年、みすず書房

注11　テッサ・モーリス＝スズキ「民主主義の境界は隙だらけ――スパイ活動、密輸などで形成された日本の貫戦期レジーム」谷川舜訳『Intelligence』一六号、二〇一六年

テッサ・モーリス＝スズキはこの論文のなかで以下のように述べている。

「日本の現首相・安倍晋三がよく用いるスローガンの一つは、「戦後レジームからの脱却」という――外国人から日本へ押しつけられたと安倍やその政治的支持者らが見なす占領期の民主化方策を巻き戻したい欲求を被包したフレーズ――である。筆者は、代わりに「貫戦期レジーム」という用語を使うことで、占領中もそれ以後もゆっくりと復興・発展した戦前・戦中システムの重要な要素に注意を向け、また、日本の戦後民主主義における可視ならびに公式な面との浅からぬ関係を分析したいのである。

無論、この用語を使用するのは、占領改革が単なる見せかけだったと示唆するためではない。日本の敗戦後すぐの数年間のうちに、政治システムは徹底的な方法によって転換され、民主主義の広がる大きな空間が開かれた。だが、相対的に変化のない要素も意識的に維持され、民主主義的要素に影響し合った」(七ページ)

第5章　「李香蘭」――暴露と神話化の欲望

1　日中をまたぐ身体

満洲映画協会『蜜月快車』で李香蘭が銀幕デビューをはたした翌年にあたる一九三九年に渡満した久米正雄の小説「白蘭の歌」とその映画化が、いわゆる「大陸三部作」の口火を切った。

このとき久米は、小説と映画化についての腹案を現地の文化人たちと話し合っている。久米正雄、木村千依男に、東宝映画計画部の江口春雄、満鉄社員会、満鉄弘報課、雑誌満蒙社同人の参加した座談会「久米正雄氏を囲んで大陸を語る」(『満蒙』昭和一四(一九三九)年五月)で、久米は「通俗小説ですから恋愛の問題も取り入れねばなりません。何も大陸を描くのに恋愛の必要はないと仰有るかも知れませんが、是はどうしても読者の要望に応えるには必要なのであります」(八〇ページ)と発言し、意見をもとめた。しかしながら誰もが異口同音に、中国人女性と日本人男性との恋愛や結婚は困難であり、その実例もほとんどないと否定的だった。大同女子技芸学校の教員で満蒙社同人の佐藤四郎は「支那人はどうも日本人の女房にならんですね。恋愛と云ふことになるとどうも民族的に同化せぬ(中略)恐らくこちらでは算へる程しかないのだらうと思ひます。これは必ずしも抗日排日でなくても特殊な民族性から来るのぢやないかと思はれるのですがね」といい、同じく同人の大野斯文は「親日的でも支那の姑娘が日本人に惚れると云ふことは極めて稀な例ですね」と発言している(八二ページ)。

この不可能を可能にした鍵が、「李香蘭」であった。

天才的な語学力と美貌が、「李香蘭」の越境を支えた。それは彼女の才能であり、資質であり、宿命だった。日本人男性と恋する中国人娘という、実際にはありそうにもない物語の表象を、彼女は可能にした。

そのうえ「李香蘭」の身体は特異な多義性をはらんでいて、彼女にいわせるなら「どこの国へ行っても、その国の民族の血が少なくとも半分ははいっている、と思われてしまうのである。／ハルビンで撮った『私の鶯』でロシヤ人オペラ歌手の養女に扮したときには、ロシヤの女の子だと取り沙汰された。『サヨンの鐘』のロケで台湾に行ったときには、高砂《たかさご》族から酋長《しゅうちょう》の娘にそっくりだと破格の待遇を受け(中略)朝鮮総督府企画の『君と僕』ロケ先の京城郊外では(中略)夫婦が「この子は幼い頃に人さらいにさらわれ満州につれていかれたうちの娘だ」と言いはる」(『李香蘭 私の半生』三六一ページ)ために警察署長の立会いで首実検という事態にいたった。彼女自身は「私の顔相には、日本人以外の万国共通の何かがあるらしい」(同書、三六二ページ)とこれを解釈していた。複数の民族イメージのハイブリッドであり、スクリーン上の虚構の役割を織りこんだハイブリッドでもある。

上海映画博物館の王騰飛氏は「まさにその超民族的な曖昧さこそが、政治宣伝上の統一化されたアジア共同体の形象と合致した」。「「李香蘭」は一つの記号となり、そのハイブリッドで超エスニック・グループ的な特徴が、スターとしての魅力と「大東亜」の宣伝とを繋ぎ合わせた」(「身体的越境と異国情緒──李香蘭の死亡という暗号」田中雄大訳『Intelligence』一八号、二〇一八年、三二ページ)と評している。中国人であると偽った「李香蘭」とその映画をやみくもに否定するのでもなく、無視するのでもなく、それを支えた制度と欲望を分析しようという若い研究者が中国にも台頭しつつあるのだ。

王氏の論文は、中国の映画雑誌で語る李香蘭が「合作の過程において自らが担うべき責任を極めて明確に理解しており、彼女はドイツの宣伝大臣であるゲッベルスの「俳優の責任とは、国家の色を際立たせることである」という話を引用して、俳優は国家の宣伝という職責を心に留めるべきだとすら説明している」と指摘する。彼女が映画女優「李香蘭」として、日中合作映画に使命感をいだいていたことは、先に紹介した稲垣浩の回想にも記されたとおりである。鋭敏な彼女が、中国人「李香蘭」を演じることの意味を認識していなかったはずはない。が、一方で、「李香蘭」の影響力を増幅させる大衆の欲望を、彼女一人が統御することもできるはずはなかった。

「彼女は「大東亜」を宣伝する使命を負ったスターであり、民族精神を担う英雄でもあった一方で、スターとしての李香蘭本人は、自らがイデオロギー対立の場と化してしまうという宿命を、コントロールすることが終始できなかった」(同書、三四ページ)と、王氏は的確にまとめている。

2 「李香蘭」日本人説の浸透力

日本人に育てられたので日本をよく知っている中国人、日本の学校にかよったので日本語がたくみな中国人、日本と交戦中の中国の娘でありながら日本に好意をよせる女優――それが満洲映画協会による「李香蘭」売り出しの謳い文句であった。両親のいずれかが日本人かもしれない、そのように疑いを抱く中国人もいたと彼女は回想する。

『李香蘭 私の半生』によれば、彼女が「中国人でありながら祖国を売った漢奸」であるのか否か、彼女が日本人であることを証明できるか否かが、敗戦後の「軍事法廷」に引き出された彼女の生死を分けたという。その時点まで、彼女は中国人であるという認識が大勢を占めていて、これを修正するのに苦労したということである。

しかしながら、「李香蘭」が日本人であることを知られうる機会は、再三あった。『李香蘭 私の半生』によれば彼女は「山口淑子、芸名・李香蘭」という記載のある旅券をもって日本に渡ったという。一九三八年、最初の来日時に下関の水上警察の係官に「日本人は一等国民だぞ。三等国民のチャンコロの服を着て、支那語なぞしゃべって、それで貴様、恥ずかしくないのか」「この恥っさらしめ。日本帝国臣民なら日本語を使え、日本語を」(『李香蘭 私の半生』一二九ページ)とわけもなくいばりちらされ、いやしめられたという事件は、自伝のなかでも読者の記憶に残る一節である。日本人に対して、自分は中国服を着、中国語を話す日本人であるとあえて告白しようという気が失せるような事件であったに違いない。少なくともそう読者におもわせるエピソードである。
一九四一年紀元節（二月一一日）、伝説となった日劇七まわり半事件の後には、この騒動に対する報復の意図もあったであろうリーク情報が『都新聞』に掲載された。

満映スター李香蘭にお目玉――紀元の佳節をけがした見苦しい観客群が日劇をとりまいた街の騒動に関しその後丸の内署員が取調べ中たま〳〵出演中の満映スター李香蘭が技芸証を持つてゐないことが判つた

外国人なら技芸証は要らぬが同嬢のやうに内地で映画にも出演してをり、又各種の興行にも出演する場合は技芸証を要するので警視庁興行係では十三日同嬢に代つて東宝、日劇、満映の責任者三名を呼び出しお目玉を食らはせた

目下同嬢が出演中の日劇の方は早速技芸証申請を出させてお宥しになつが（ママ）この申請には「本名山口俊子（二二）本籍佐賀県杵島」と書かれてあり、これで李香蘭の素性をたゞせば日本人であることも判つたといふ日劇騒動余聞、同嬢は幼いとき満洲国人に貰はれて育つたものだといふ

（「李香蘭は日本娘　技芸証調べから判る」『都新聞』昭和一六（一九四一）年二月一五日夕刊）

『都新聞』は翌二月一六日朝刊に続報「国際女優李香蘭が人気者になるまで　今後の彼女はどうなる」を掲載、二月一七日朝刊にはインタヴューをまじえた「事実は小説より奇！　李香蘭の数奇な生ひ立　大陸を転々・三度父を変へる」を載せた。

家庭の事情により奉天の李際春将軍の養女となつた、当時は張作霖政権時代で、天下は麻の如く乱れ、李将軍は戦乱中行方不明となつてしまつた(中略)彼女の美声に目をつけた奉天放送局長□□□□(判読不明・道?・謹吾?)の斡旋でラヂオ歌手としてのスタートを切つたが、この間満人向の唄と日本人向の支那唄を放送すること数知れず、放送毎に違つた支那人名を使つてゐたので「名前は何度変つたか記憶にない程でした」と云つてゐる(中略)現在支那人のインテリは日本映画に対する態度も親日的な好感情をあらはしてゐます、私の現在の使命は日満の芸術文化の交流といふことです

その為に日本名でなく李香蘭の名を使用することになつたのですがそれだけに本名を名乗れなかつた辛い経験は多分にあります、いつでしたか船に乗つた時、船では本名を書く規定になつてゐるので、山口俊子の名を書いたのですが(中略)船員に「金さへ儲けられゝば三等国民の名を名乗つて、それでいゝ気になつてゐていゝのか」と罵倒されたときの口惜しさ、このときばかりは「私の気持は判つて貰へない」と船室でひとり泣いたこともあります

この二月一七日の記事には「何もかも是でさつぱりした　心境を語る李香蘭」の小見出しがある。独占インタヴューをとらせるかわりに、この件の報道は打ち止めにしてくれという東宝、日劇、満映など「歌ふ李香蘭」イヴェントのプロデューサー側の意図が介在した記事である。彼女が日本人であることは、日本人であるのに「技芸証」をもっていないという管轄へのご注進、日本人であるためあわてて「技芸証」を取得したというメディアへのリークによって、活字になってしまった。

それだけではなく、この記事は、『李香蘭 私の半生』における来日時の「旅券の検閲」「パスポート」問題をめぐる疑念にかかわるものでもある。

旧満洲国は建国されたものの、満洲国在住の日本人は日本国籍を離脱することなく、国籍は日本のままだった。だからその地で生まれた彼女もパスポート、旅券は日本国籍のものだったはずだ。田村志津枝『李香蘭の恋人――キネマと戦争』(筑摩書房、二〇〇七年)は、「李香蘭がなぜ外国人として旅券検閲を受けたのか」(一一一ページ)と疑問を呈している。そもそも彼女は旅券検閲を受ける必要がなかったのに、「日本人の列に入って下船せずに、外国人としてパスポート検査の列にならんだ」「日本人の列に入らず中国人のふりをしていた」(一一二―一一三ページ)ということを前提にし、それはなぜなのかを田村氏は問うている。が、『李香蘭 私の半生』における来日時のエピソードは、旅券、パスポート検閲ではなく、『都新聞』の記事にあるとおり乗船記録の件だったのではないだろうか。なぜ彼女のパスポートに「山口淑子、芸名・李香蘭」などと記載されていたのか、芸名が記載されたパスポートとはいかなるものなのか、といった疑義も、そう解釈すれば氷解する。

ただし、そこにも作為はある。彼女は、規定通り自分の名を「山口俊子」と書いた、というのである。李香蘭が申請した技芸証に「本名山口俊子(二二)」と報じたのは同じ『都新聞』であり、その誤報をあえて正さず、その情報に乗ったかたちである。

じつは李香蘭の本名すなわち山口俊子説というのは、『都新聞』の報道以前から広がっていた。田村泰次郎『わが文壇青春記』には、一九三九年五月の新京において、田村、李香蘭、そして久米正雄が同乗する車内で、久米がわざとらしく「山口さん、としこさん」と口にし、彼女は知らん顔をしていたというくだりがある。『都新聞』の記者に対しても、彼女はその風評を正そうとはしなかった。それが誰のシナリオなのかはわからない。小さな間違いを訂正すれば、そこからさらに突っ込まれるからというのが彼女の弁明だが、相手の小さな間違いをそのまま肯定することで、情報の不確定性を増幅するというのは、なかなか高度な情報戦略である。

田村泰次郎にとってはたいせつな先輩格の丹羽文雄(一九〇四―二〇〇五)も、「山口俊子」説に乗っていた。

彼女の名前が素つぱ抜かれたのは、これで二度目である。「支那の夜」のロケーションに上海に渡るとき、旅券に国籍本名を書きこまねばならなくなり、彼女は山口俊子と書いた。それをたしか福岡日日新聞が知つて、発表した。そのため福日は満映か、東宝からか商売の邪魔をしないでくれと文句を言はれたと聞いてゐる。(丹羽文雄「李香蘭」『文藝』一九四一年四月、一四

九ページ）

丹羽文雄は彼女が日本人でありながら「李香蘭」を名乗っている（名乗らされている）ことについては、「商売」であると解釈している。[注1] たとい「宣伝」のためであるとしても、日本人に対する「宣伝」効果しか持ちえないとも考察している。

或る支那留学生の座談会のとき、君らは李香蘭をどう思つてゐるかと訊ねたところ、支那女学生達は言ひ合はせたやうに眉をしかめた。中には、折角日支親善に努力してゐるときに、あいふ偽者が支那の女性だと吹聴されることは、日支親善を破壊するものであると極言した。(中略)支那女学生が李香蘭を嫌忌するのは、当然である。しかし、日本人の中には案外まじめに、日本人の彼女が李香蘭と名乗り、支那語をあやつり、支那女性に接することが、日支親善になると考へてゐる人があるかも知れない。これは大きな錯誤である。彼女が支那語を喋り、李香蘭で押しとほすことは、日本の対内宣伝のためである。決して対外宣伝ではない。支那人といふものを、日本人に親善させる一つの方便にすぎないのだ。大衆が彼女を支那人と誤解して、支那人のくせに日本語が達者だと感心し、合はせてそれも彼女の人気を煽る一つの動機になつてゐる。支那といふものの対内宣伝は、十二分に効果をあげてゐる。(同書、一五四ページ)

丹羽文雄には、日本を男性性で、中国を女性性で代表させ、国際的ロマンスをメタファーとして日中親善を表象するといった、映画『支那の夜』などで李香蘭が体現した、ジェンダーとナショナリズム、そのメタファーについての言及はない。けれども、李香蘭が日本人であっては困る、李香蘭のような親日派の中国人女優がいてほしいというほかならぬ日本側の大衆の欲望こそが李香蘭を生み出したのだという卓見はある。

これは、小学校四年生のときに『支那の夜』を観たという映画評論家・佐藤忠男氏の、「満映は、満州の漢民族の中に親日派を作り出すという目的を達成することはできなかったけれども、中国に親日派がいるという幻想を日本の中に生み出すことには成功した」、「(引用者注・『支那の夜』は)日本人にとって、自分たちは良き中国人からは愛され慕われているのだという自己欺瞞のための錯覚を作り出す映画であったが、当時、日本人の多数がそういう錯覚を切望していたのであり、人々の夢の化身となるのが女優なら、彼女はあの当時、もっとも輝いていた女優だったと言うことができる」(『李香蘭 私の半生』文庫版解説、四四五—四四六ページ)という見解にも通じる。

しかしながら、そもそも日本国籍である彼女は、満洲国から日本へ、日本軍占領下の上海へ出入りするのに、パスポート検閲をうける必要があったのかどうかという疑問がある。清水晶『上海租界映画私史』(新潮社、一九九五年)は、敗戦後の上海で、李香蘭が日本人であること、その氏素性を証明するためにわざわざ北京の両親宅から戸籍謄本の写しを入手しなければならなかった経緯について、「彼女が日本人であることを証明できる公式の書類といえば、パスポートがない以上、戸籍謄本しかない」(二七二ページ)と記している。先に紹介した影山澈氏のエッセイは上海引揚げ時に彼女がとったパスポート用の写真について言及している。彼女はこのときはじめてパスポートを取得したのか、あるいは、それまでになんらかの事情でパスポートの期限が切れていたのか。いずれにしても、彼女が旅券をもっていたのか否か、旅券のせいで日本人であることが漏れたのかどうか、その間の事情についての説明には、あいまいなところがある。

どのような経緯で、またどこまでの範囲に、李香蘭が日本人であることが知られていたのか。それもひとつの謎ではある。

日本人であろうとなかろうとかまわない、あるいは、美貌の親日派女優・李香蘭が中国人であってほしいという願望は、見たいものしか見たくない、あくまでも信じたい情報だけを信じるというこの時代の空気におおわれていた。中国人のあいだにもそれはあった、と彼女は語っている。

一九四三年、『萬世流芳』の成功後、「北京出身の中国人としてとおっていた」(『李香蘭 私の半生』三〇〇ページ)彼女が北京で記者会見にのぞんだおり、「李香蘭は山口淑子という、中国生まれで中国を愛する日本人の女性」だと言ってほしいと、「記者クラブの幹事長で、父の友人でもあった李氏に、訴えた」(同書、三〇三ページ)という。李氏はこれをしりぞけた。

絶対に賛成できない。あなたの正体を知っている中国人も中にはいるかもしれない。しかし、彼らもそれを認めたくないのだ。あなたは中国人で、私たち、北京が生んだスター。私たちの

夢を破らないでほしい。中国人でとおしてもらわなくては困るのです(同書、三〇三ページ)

ここでも、なにゆえ父・山口文雄は北京の中国人記者クラブの幹事長と友人でありえたのか、その人脈に驚かされる。李氏の背景も、つまびらかではない。

が、それはさておき、中国人であると偽りつづけることは心苦しかったが、夢を破らないでほしいというひとびとの期待に応えるためには仕方なかった、しかもその期待は日本側だけではなく中国側にもあったものだという弁明は、意外なことに近年の中国側の研究でも裏付けられている。王騰飛「身体的越境と異国情緒——李香蘭の死亡という暗号」は、「対日協力者側、重慶側の別を問わず、当時の「李香蘭」は彼らが利用すべき宣伝の道具となっていた」(三四ページ)として、次のような事例を紹介している。

『大公報』が李香蘭落命の情報を報道し、その後『今日電影』もこの報道を転載した。このスパイ小説のような文章は「ここ三年、敵により人気者と偽り称されてきた「偽満州国」東北籍の女性スター李香蘭は、我が方の関係者を密かに助けようとしたことが敵に露見し、残虐な拷問を受けた後もなお口を割らなかったため、その結果体をバラバラにされて死んだ」と報じた上で、続けて李香蘭が有名になるまでの経歴を数え上げ、最終的に「敵の手により作り出された婀娜な美人は、中華民族の為に命を擲つという壮挙を成し遂げたのだ」と感嘆してみせている(「烏煙瘴気中的奇跡、李香蘭生穢栄辱史」『今日電影』一九四四年、第三六期、第一頁)。全文を見渡してみても、「前非を徹底的に改める」「国の為に命を擲つ」というのがその要旨の所在であった。(三一ページ)

しかしながら王氏は、すでに一九四二年八月、北京『国民雑誌』に、李香蘭は日本人であり本名は山口淑子、満映の宣伝上の必要から満人(中国人)となったと報道されていたことをあわせて指摘している。『国民雑誌』主編の王則は満洲映画協会の機関誌『満洲映画』の編集にたずさわった経験があり、李香蘭とも面識があった。のちに彼は国民党スパイの疑いがあるとして殺害されている。上海では一九四四年一一月『上海影壇』誌の記事「星鑒」が、李香蘭、本名山口淑子、住所「日本、東京都赤坂区、帝国マンション(暫定)」と報じた。だが、読者はその情報に関心を払わなかったようである。それらの報道にもかかわらず、中国人読者のあいだですら、「その捉え難い越境的身分、即ち大東亜の風格に合致したスターの形象はより一層強化された」と、王氏は論じている。

注1　もっとも李香蘭の正体を暴露して商売の邪魔をしてくれるなという圧力をかけたはずの東宝が発行元の雑誌『エスエス』の座談会(石黒敬七・丹羽文雄・東郷青児・永戸俊雄・式場隆三郎「現代の女性美を語る会」昭和一四(一九三九)年八月号)で、石黒敬七が満映の李香蘭について「彼女は日本人ですよ。尤も表面的には満洲人といふことになつてゐるやうですね」と発言し、記者が「さうです」と応えたやりとりをそのまま流布させたような例もある。

第6章　田村泰次郎と彼女

田村泰次郎は、一九三九年、初対面のころから、彼女が日本人・山口淑子であることを知っていたという。

1　戦時下の二人

李香蘭は、この年、取材で渡満した久米正雄、大陸開拓文芸懇話会の一員として満洲視察中の田村泰次郎に、新京(現・長春)で会っている。久米よりはるかに若く、単著のひとつもなかった田村は、これを「久米さんの招待宴」(田村泰次郎「山口淑子という女」『スクリーン・ステージ』一九四八年一一月)と記憶しているが、山口淑子・藤原作弥『李香蘭　私の半生』によれば、そうではない。大陸開拓文芸懇話会メンバーのうち佳木斯(チアムス)の開拓村視察の帰途新京に立ちよった伊藤整、田村泰次郎、福田清人、近藤春雄と、東京日日新聞(現・毎日新聞)連載予定「白蘭の歌」(当初は仮題「白蘭の国」)取材のため滞在中の久米正雄一行をむかえての、「満映主催の合同歓迎晩餐会」(一二三ページ)であった。

福田清人『大陸開拓』(作品社、一九三九年)が記した大陸開拓文芸懇話会派遣団の旅程によると、田村泰次郎を含む一行は、山口淑子の記憶とは異なり、佳木斯から新京に向かってそこで宴席につらなったというのではない。奉天から新京に入る旅程で五月一日に到着し、ここで三泊、その間に「奥の移民地」から帰った久米正雄と偶然会って、その夜、満映の李香蘭らと会食したことになっている。それによれば、大陸開拓文芸懇話会の一行は、新京を発って五月四日にハルビンに到着している。

『李香蘭 私の半生』には、田村が新京を発つ早朝、「午前五時、零下十五度の雪の中、カチューシャのようにマフラーで顔をおおい、シューバ(外套)を着て」(一二五ページ)駅頭に出たとある。五月の朝のことである。

田村泰次郎とは、その後、日本でも親交をあたため、中国の河南でも遭遇した。おもいがけないドラマティックな再会であったと彼女は回想している。

一九四二年夏、彼女はセミ・ドキュメンタリー『黄河』の撮影中で、田村は応召していた。移動の列車内でのつかのまの再会である。コンパートメントの外の廊下の補助椅子にすわる上等兵がふりかえって帽子をとると田村だった、というのが彼女の回想(『李香蘭 私の半生』二五八ページ)である。一方、「石門から乗つた列車に、彼女が乗つてゐるといふ噂を聞いた。一等車へ行くと、果して彼女が乗つてゐた」(「山口淑子といふ女」)というのが田村の記述である。田村はこの邂逅を一九四三年と記憶している。が、これは山口淑子の自伝のほうがただしい。『黄河』は現在失われたフィルムとなってしまったが、先行研究は、一九四二年、日本軍の指導で華北電影の応援を得て製作、中国人監督・周暁波を起用し、日中戦争で中国側に破壊された黄河の堤防を日本人が修復するという美談を描いた作品とつたえている。

田村と再会のとき、『李香蘭 私の半生』によれば、ロケ隊の乗った「汽車は保定《ほてい》をすぎて鄭州《ていしゅう》に近づいていた」、このとき田村は「鄭州の山の奥にもう三年も立てこもっていますよ」(二五八―二五九ページ)と言葉すくなに語ったという。

山口淑子自伝には「私たちのつきあいを快く思わなかったらしい満映が、作家たちと引きはなそうとした」(一二六ページ)という記述もあり、田村の出征によって二人のあいだはさらに疎遠になっていたとも読めるのだが、田村の証言はすこし違う。ブロマイドを何度も送ってくれたばかりか、彼女が「北京の父母のもとへ帰つてきたときは、軍用電話を借りて、当時山西省の陽泉にゐた私のところへ、長距離電話をかけてくれた」と。

家族ぐるみの交際で、彼女の不在の折にも、北京の家を「出張ごとに訪ねた」。両親に歓待され「淑子が、淑子がと聞かされてゐたので、終戦後李香蘭改め山口淑子となつても、私にはいまさら珍しくはなかつた。もつとも、彼女の本名が山口淑子であることは、新京での初対面のときから知つてはゐた」とも記している(以上、「山口淑子という女」)。

なにより田村の回想で興味深いのは、北京の彼女の父母の家で「軍用電話を借り」ることができた、彼女が「軍用電話を借り」て、「山西省の陽泉」の彼のもとに長距離電話をかけたという証言である。彼女か、あるいは彼女の父・山口文雄は、北京で「軍用電話」を使うことを許されていたのである。「軍用電話」というメディアにアクセスできたとは、日中戦争下の通信事情を考えるなら、特別待遇というべきだろう。人気女優であるからといって、またその家族だからといって、安易に「軍用電話」を使わせるとは考えにくい。まして新京の満洲映画協会に籍をおき、撮影に追われる彼女が、北京の父母の家を訪れることはめったにあることではなかったろう。田村も「大抵彼女は日本にゐて、留守だった」と書いている。とすると、北京の家の「軍用電話」は、父・山口文雄のために敷設されたと考えるのが妥当ではないか。この家の誰が「軍用」の任務を負っていたのだろうか。軍の誰がなにゆえにそれを許したのだろうか?

しかも一兵士である田村泰次郎が応召されてどこに派遣されているかは、作戦上の機密事項だろう。兵士の発信する手紙類もきびしく検閲される情報であるはずなのに、いったい彼女は、どこから、いかにして、田村泰次郎が山西省の陽泉にいるという情報を手に入れたのだろう。

尾西康充「田村泰次郎研究(一)――「肉体の門」自筆原稿の検討」(『三重大学日本語学文学』一六号、二〇〇五年六月)は、田村の先輩格の小説家、丹羽文雄が馬淵逸雄報道部長に直接依頼したこともあり(田村泰次郎宛丹羽文雄書簡、一九四一年二月一三日付、三重県立図書館所蔵)、一九四一年三月ごろには独立混成第四旅団司令部附の宣撫班員に田村が転属できたと推定している。このとき田村の所属する旅団司令部が活動していた地域が陽泉である。

陽泉の田村と北京の山口家のひとびと、そして淑子本人とが連絡をとりあっていたことは、翻刻された田村泰次郎の日記(山西省陽泉憲兵隊の検閲済)からも知ることができる(尾西康充・濱川勝彦・半田美永・秦昌弘編著『丹羽文雄と田村泰次郎』日本図書センター、二〇〇六年)。「北京の李香蘭君の家から」は、ブロマイドだけではなく、「支那式」の便箋封筒なども送られてきた。同年五月二三日に俘虜となった中国八路軍の文芸団体「太行山劇団第二分団」の旧劇の演者たちに、田村はその便箋と封筒を与え、故郷に手紙を書かせた。宣撫班員として田村の任務は、捕虜にした中国人俳優を使って、反共の演劇活動に利用すべく「和平劇団」と名づけられた劇団を運営することだった。「彼らの役に立つならば、便箋、封筒も生きるだらう。すこしづつ、自分になついて来る」(田村泰次郎日記、一九四一年六月二六日)。北京からの贈り物は宣撫活動にも役立てられたのである。「和平劇団」にかかわる田村泰次郎の宣撫活動については尾西康充「田村泰次郎「肉体の悪魔」論――中国山西省を訪れて(附：和平劇団手帳資料)」(『人文論叢　三重大学人文学部文化学科研究紀要』二〇〇七年三月)がくわしい。

三重県津市の三重県立図書館には、同県四日市市に生まれ旧制富田中学から早稲田大学にすすんだ故人の遺族寄贈の田村泰次郎文庫が設けられている。ここには山口淑子から田村に宛てた書簡二通(昭和一六年四月五日、五月一三日)、北京の山口家のひとびと(母アイ、弟貞雄、妹文子・悦子・誠子)の便りを一通にまとめた書簡(昭和一六年、山口淑子書簡より後、六月二六日付田村泰次郎日記より以前)がおさめられている。

彼女の最初の便りは田村の出征を見送ることができなかったことを詫び、末尾には、住所お知らせいたしますと北京東城蘇州胡同山口文雄方山口淑子の住所と、東京赤坂区新坂町帝国アパート李香蘭の住所が併記されている。電話番号もたしかに付されているが、それが軍用なのかどうか判断はつかない。追って五月一三日付の便りは、田村への敬意とねぎらい、そして過酷な戦線での日々への気遣いが溢れている。「私もいろいろ辛いこと苦しいこと厭なことばかりの世の中に負けないやうに頑張つて一生懸命勉強いたします」(五月一三日)という。「大陸三部作」によって日本では中国人・李香蘭として大スターとなった彼女にとっての、辛いこと苦しいこと厭なこととは、具体的に何を指していたのだろうか。「憲兵司令部におります叔父」に聞くところによると、戦線の兵の不自由ははかりしれぬものがあるらしい、これからは自分も慰問の仕事を増やしていきたいと、気遣っている。

五月一三日の書簡にはこの間、五日ほど北京の実家に帰っていたとある。山口家のひとびとの便りは、まだ見ぬ田村にあてられていた。田村泰次郎文庫が「昭和十六年頃」としているこの来簡は、五月一三日以降に書かれて六月二六日までには田村のもとに届いていたということになる。田村の日記一九四一年六月二六日の記述に出てくる便箋と封筒を同封したものであったようだ。「支那式」の便箋封筒と同じものかどうかはわからないが、淑子の妹の悦子と誠子の便りがしたためられた便箋は、辮髪の子どもが「福寿」と記された赤い提灯を下げているという意匠のものである。

まず母が、数年来「久米、丹羽両先生」とともにひとかたならぬご庇護をたまわってきた「李香蘭こと山口淑子の母アイ」と名乗り、礼を述べている。久米正雄、丹羽文雄のほかに、福田(清人)、石川（達三）、片岡（鉄平）ら文学者の名前をあげて、その「援護」への感謝を娘から伝え聞いていると述べている。淑子が家庭で口にしていた田村泰次郎の文学仲間の面々だったろう。娘にすすめられ、かねての依頼によって家族で慰問の筆をとったこと、機会があれば北京の家を訪れてほしいことなど縷々つづられている。権力を持つ者が娘を取り巻いているとしても、打算抜きに彼女を庇護し向上させてくれる異性はほとんどみあたらないことを心配する母心だろうか。達筆である。弟は絵を、妹たちはおねえさまをおまもりくださいとの願いを、幼い筆で残している。末の妹で当時九歳の誠子は「いつも久米先生、片岡先生、丹羽先生、石川先生、林（房雄・引用者注）先生、西條（八十・引用者注）先生、方と一緒に、淑子姉さまを、おまもり、おしへて、くださいまして、ほんとにありがとう」と書いており、山口家のひとびとが田村泰次郎とその仲間の文士たちについて、どのように語らっていたかがしのばれる。彼女たちが文学者たちに何を求めていたのかも見てとれる。

この書簡のやりとりがあったのは、田村泰次郎が陽泉で「旅団司令部営外の街中にあった公館で元中共軍の俘虜である宣撫班員たちと一緒に起居していた」と尾西論文「田村泰次郎研究（一）」が指摘する頃にあたる。田村と「宣撫活動をしていた美術家の洲之内徹とはそこで知り合った」ともいう。

『黄河』撮影中に遭遇した田村泰次郎が彼女に語った「鄭州の山の奥にもう三年」というのは、一九四〇年に応召した田村が宣撫活動にたずさわった陽泉の歳月を指した言葉だろうか。しかしながら陽泉に田村が駐留していることについて、彼女と北京の山口家のひとびとは、田村の転属から程なく知るところとなっていたのである。音信が途絶えていたわけではないらしい。

日中戦争が終結し、一九四六年二月に復員した田村泰次郎は、「肉体文学」を提唱して執筆活動を再開する。

「肉体の悪魔――張玉芝に贈る」(『世界文化』一九四六年九月号)は、和平劇団での宣撫活動の体験が踏まえられている。中国人捕虜を使って反共の宣撫の任に当たる「私」は、「君」と呼ばれる女優に魅かれ、彼女の深い憎悪を知りながら、関係を持ってしまう。

中国の女性が日本人を愛するといふことが、低俗な映画や小説の世界では安易にくりひろげられるとしても、現実ではそんなもののヒントになるやうな事実のかけらさへも落ちてはゐないにちがひない。

「日本人は中国人を殴る、中国人は黙る、――けれども、中国人の腹のなかでは、日本人は一層悪者になる、――そして日本人はますます中国人を殴らねばならぬし、中国人はますます日本人を憎まねばならないの」

君の論理は白熱した冷静さで繰りひろげられたのであるが、私は君の言葉をそんなやうにきれぎれにしか覚えてゐない。何故なら私は、君の吐く言葉の意味が、そして、その意味を通して見られる君の内部が、あまりに絶望と憎悪と呪咀とに満たされてゐるのに圧倒されて、――

君の民族の置かれてゐる不当な立場に私はうしろめたい気持を覚え、この場だけでも、それをどうして君の前にとりつくろつたらいいか、そんな愚かなことばかりに気をとられてゐたからだつた。（一〇三、一一一ページ）

「中国の女性が日本人を愛する」「低俗な映画や小説の世界」という批判は、まさしく李香蘭の映画「大陸三部作」やその原作小説にあてはまるものだった。そして、中国人を殴る日本人に対する「君の論理」、君の「絶望と憎悪と呪咀」と「私」の「うしろめたい気持」という言説は、はしなくも、日本人男性に殴られた中国娘が、彼を慕い始めるという、映画『支那の夜』が描いたロマンスのグロテスクな内実を暴露するような構造を持っていた。それはひるがえって、それだけ深刻に「大陸三部作」の世界の虚妄をうけとめたというしるしでもある。李香蘭「大陸三部作」が展開した幻想を鏡として、田村泰次郎は自身の中国奥地の宣撫活動の経験を照射している。

武力によって支配される女性と支配する男性たちとの愛憎を、そのナショナリズムとジェンダーとのねじれと心身の葛藤を、田村泰次郎の小説はくりかえし言語化し変奏しようとした。

田村を時代の寵児にした「肉体の門」(初出『群像』一九四七年三月)は、ＧＨＱ占領期に、焼け跡にたむろした、パンパンと呼ばれる夜の女たちを描いた。ただし、有楽町界隈の彼女たちの顧客であるはずの米兵の姿は不自然なことに登場しない。占領軍と日本女性との親密な関係を「fraternization」として、表現することを禁じたＧＨＱの検閲コードをはばかったのである。

GHQのメディア政策と検閲研究の山本武利氏は、「fraternization」を「歓待」と訳している。GHQ/SCAP(General Headquarters/Supreme Commander for the Allied Powers 連合国軍最高司令官総司令部)内で一九四五年から一九四九年ごろまで、非公然組織としてメディア検閲を担当していたCCD(Civil Censorship Detachment 民事検閲局)は、軍事占領している側の男性と占領されている側の女性の関係について、合意のある恋愛であっても、強姦であっても、売買春であっても、メディアがそれを表象したり言及したりすることを禁じていた。もとより占領軍と(敵国人である)日本人女性との国際結婚は当初許可されていなかった。

占領期のメディア検閲を担当するCCDは一九四五年九月一日に横浜で活動を開始していた。CIC(Counter Intelligence Corps 対敵諜報部隊)隊長ソープ将軍の勧告で、九月一一日にCCDの下にメディア検閲組織のPPB(Press, Pictorial and Broadcasting Division プレス・映画・放送課)が設けられ、新聞、出版、放送、映画、演劇から紙芝居にいたるマス・メディアと、郵便、電話、電信などのパーソナル・メディアにたいする検閲が開始された。映画にかんしては、九月二二日に占領軍総司令部のCIE(Civil Information and Educational Section 民間情報教育局)が各映画製作会社代表を召喚し、占領目的にそった映画製作方針の項目を指示した。東京PPB本部から各地区に配布される指針キーログ(Key Log)が検閲現場で用いられ、監督者にはキーログ補遺(Supplement)が配付された。副次的にはCCD作成の検閲要項(Subject Matter Guide)が適宜参照された。占領政策の変化による検閲方針の変更には、施行指針であるキーログによって随時対応した。

「fraternization」にかかわるキーログの一例として一九四八年一月二日版の二五項目よりあげるならキーログ第三項に「MP、占領軍要員のニュースや写真。それには、GIもの、アメリカと日本の国旗を同時にのせた写真、女性との親密な交際を示したり、示唆したもの、GIの闇取引、犯罪、武装GIに囲まれた天皇の写真を含む」とあり、第三項のキーログ補遺に「アメリカと日本の旗は、両国が連合国であり、同じ国際的地位にあることを示すような仕方で掲示してはならない。占領軍への批判や不信、怒りをかきたてるような女性との親密な交際、闇取引、犯罪、その他の言及は、PIO(引用者注＝PRO　渉外局　Public Information[Relations]Office)のGI犯罪の発表以外、パスしてはならない。天皇を軍事的に守っていることをこれみよがしに示す写真は削除される」と記されている。軍事占領にたずさわる男性と占領された国の女性との親密な関係「fraternization」は「占領軍への批判や不信、怒りをかきたてる」ことがらとして不可視のものにされたのである。

GHQによる占領された民族の心理分析とメディア政策は、たとえば日中戦争時の「大陸三部作」における日本人男性と中国人女性との親密な関係の表象について、中国の観客がどのように反応するかを読みそこねた日本の手法とまったく対照的なものだった。

アメリカにも、ジェームズ・ミッチェナー(一九〇七―一九九七)のようにアジア・太平洋戦争、朝鮮戦争を背景に「南太平洋物語」(一九四七年)、「サヨナラ」(一九五四年)など、軍人の恋をエキゾチシズムな情緒とともに描いたベストセラーはある。が、そのオリエンタリズムが現地のひとびとの教化に有効であるなどという幻想が抱かれたことはない。

田村泰次郎に話を戻すと、「肉体の門」では米兵とパンパンとの売買春も、そこでやりとりされたであろうドル紙幣や闇物資の行方も書かれることなく、それによって検閲処分をまぬかれた。もっとも、それと示されていなくとも、パンパンの上客がどこから来た男たちであるのか、当時の読者が読めないはずはなかった。

「肉体の門」は、劇団空気座による舞台化もあたり、ロングラン公演となった。「肉体の門」の映画化に際しては、三船敏郎と山口淑子がキャスティングされるとの噂が流れたが、それは実現しなかった。

占領期の東京でも、田村泰次郎と山口淑子の家族ぐるみの交流は続いた。杉並区に居を構えた田村のもとを、しばしば彼女が訪れたこと、進駐軍のジープに同乗してやってきたことを、田村の遺族は語り伝えている。

引揚げ後に交換したと推定される淑子の父・山口文雄の名刺も田村泰次郎文庫は所蔵している。「佐賀県公認加工水産物荷受機関／食品製油加工場／中和産業株式会社／取締役兼出張所長」の肩書で本社住所は佐賀市、出張所は中央区兜町、自宅住所は新宿区下落合とある。

2　検閲の実際——『春婦伝』のこと

田村泰次郎原作の映画で、山口淑子が主演することになったのは、『春婦伝』(初刊一九四七年五月)を原作とする『暁の脱走』(谷口千吉監督、新東宝、一九五〇年)である。

原作『春婦伝』は一九四七年四月『日本小説』創刊号に一挙掲載予定だったが、ＣＣＤにより、全文削除を命じられた。注1

『春婦伝』は、戦争末期の華北戦線で、捕虜となったことをとがめられ原隊復帰後にも虐待される上等兵と朝鮮人の慰安婦との、死にいたる悲恋の物語である。検閲処分の理由は「Criticism of Koreans(朝鮮民族に対する批判)」だった。問題にされたのは戦場での女性の虐待イメージではなく、慰安婦表象を明るみに出すことで彼女たちの同胞の尊厳が傷つけられることをおそれるというナショナリズムへの配慮だった。その意味では、「fraternization」の概念でＧＨＱ占領軍の男性と日本人女性との関係を検閲対象にしたのと相似の論理が、日本軍と朝鮮人慰安婦との関係を見えなくさせる圧力としてはたらいたと考えられる。

ＣＣＤの検閲の経緯と事由は書き手に明かされない規則になっていたが、処分を受けた者たちは速やかに検閲者の意図を忖度し、そのコードを内面化し、自己検閲、自粛をはかるのだった。一九四七年五月、銀座出版社から単行本『春婦伝』を上梓するにあたって、雑誌発表予定の校正ゲラ本文の慰安婦の出自が朝鮮半島であることを示す語句が削除され改稿された。

たとえば、校正ゲラの序文「この一編を、戦争間大陸奥地に配置せられた日本軍下級兵士たちの慰安のため、日本女性が恐怖と軽侮とで近づかうとしなかつた、あらゆる最前線に挺身し、その青春と肉体とを亡ぼし去つた数万の朝鮮娘子軍にささぐ」は単行本で作者序「戦争の間、大陸奥地に配置せられた私たち下級兵士たちと一緒に、日本軍の将校やその情婦たちである後方の日本の娼婦たちから軽蔑されながら、銃火のなかに生き、その青春と肉体を亡ぼし去つた娘子軍はどれた《ママ》け多数にのぼるだらう。日本の女たちは前線にも出て来られないくせに、将校とぐるになつて、私たち下級兵士を軽蔑した。私は彼女たち娘子軍への泣きたいやうな慕情と、日本の女たちへの復讐的な気持ちでこれを書いた」に置き換えられた。また、ヒロイン春美をはじめとして慰安婦たちの名前については校正ゲラの「みんな本当の朝鮮の名前があるのだつたが」を「みんな本当の名前があるのだつたが」に、「チョウセン・ピイ」を「ピイ」に改めた。慰安婦を乱暴に扱う日本兵に対する彼女たちの抗議の言葉「チョウセン、チョウセンつてなにいふか、テンノヘイカ、同じぞ」は、「ピイ、ピイつて馬鹿にするか、天皇陛下がそれいふか、同じぞ」と改稿されている。CCDの検閲調書は校正ゲラのこの箇所を「How dare you call me a Korean! We have the same Emperor!」と訳している。「内鮮一体」の建前を逆手に取った慰安婦の抵抗の言葉と検閲官は解釈したのだろう。『春婦伝』が日の目を見るまでには、このような経緯があった。

田村泰次郎は生前、『春婦伝』のヒロイン春美については李香蘭をイメージし、小説の舞台は灼熱の河南を念頭に執筆した、と述べたという（山口淑子『戦争と平和と歌——李香蘭 心の道』東京新聞出版局、一九九三年）。河南は、『黄河』の撮影に向かう車中で、田村泰次郎と満映女優・李香蘭が遭遇した地である。

河南はまた、小説家・田村泰次郎にとって「蝗」（初出『文藝』一九六四年九月）の舞台でもあった。「蝗」は一九四四年の京漢作戦を背景に、戦死者の遺骨を収めた白木の箱と朝鮮人慰安婦の護送を命じられた軍曹の視点で語られた小説である。敵の襲撃に備えるだけではなく、殺気立った自軍の兵士の襲撃からも彼女たちを守らなければならない。輸送中に三人が命を落とし、残ったわずか二人の慰安婦が一万人の兵士にわりあてられることになる。京漢作戦は華北と華南を結ぶ京漢鉄道の確保を目的とした陸軍の作戦で、北京から漢口までの貫通を目指し、大陸打通作戦とも呼ばれた。兵士として田村泰次郎が配属された独立混成第四旅団は一九四三年に第六二師団に編成替えされ、この作戦に加わって南を目指し、黄河を渡っている。

『春婦伝』の映画化は、占領軍のCIE、CCDの介入によって、繰り返し企画の変更とシナリオの書き換えを余儀なくされた。これについては平野共余子『天皇と接吻』が詳細に検証している。映画脚本では当初からヒロイン春美を日本人慰安婦と設定していた。朝鮮人慰安婦では検閲を通らないという情報が、『春婦伝』出版時の検閲の経緯から映画製作現場でも共有されていたのかもしれない。

一九四八年九月に谷口千吉監督と黒澤明の共同脚本がCIEに提出された。検閲は「戦争と売春」についての表現を問題として、製作「不許可」の認定を下した。

第三稿になって、脚本の設定は、軍付属の「慰安所」から「酒場」へと変更されたが、検閲官は「反戦というよりも、煽情的な慰安婦を描くもの」と判断し、脚本の書き直しを命じ、CCDにこの件を相談する。

一九四九年一月三一日提出の第四稿では「慰安婦が、自分は最初は中国に赤十字の看護婦としてきたと述べる場面」があったというが、CIEはいずれにしても慰安婦をあつかう場面は煽情を増すばかりであり、反戦という主題から離れていくとして、再考を命じる(『天皇と接吻』一四五―一四八ページ)。この間の日本側資料としては大竹徹「暁の脱走――作品分析」(『シナリオ新人』第二号、一九四九年七月。本文タイトルには「『暁の脱走』を読みて」とある)がある。大竹は朝鮮出身で看護婦だった女が娼婦に転落したという設定は、「虐げられし人として強調された」感があると評している。しかしながらCIEはそういう見解をとらなかったようだ。平野によれば「反戦映画で慰安婦を扱うことを〈東洋の考え方〉」と退け、同年二月五日には「〈慰安婦〉を扱う場面は〈煽情を増すばかりであり〉、〈反戦という主題から離れていく〉結果になるため、全面的に物語を変更するか、慰安婦の場面を削除するようにと命じ」られた。第七稿で、主人公の職業は軍の慰問歌手に変えられた(『天皇と接吻』一四八―一四九ページ)。

公開された『暁の脱走』では、女たちが「私たちは慰安婦ではない」と兵士にあらがう場面がつくられている。

原作の設定が変更されたことについて、同時代の映画評では清水晶「暁の脱走」(『映画評論』一九五〇年四月)が、ヒロイン春美の設定を従軍慰安婦から慰問団の歌手へと変更した不自然さについて「「売春を正当化しない」という倫理規程を予め慮ってか、それとも出演するスターの注文にでもよるのか」と難じている。平野氏も検閲の圧力のほかに、山口淑子のイメージに配慮するなどの要因がはたらいたかもしれないと注記している。『キネマ旬報』臨時増刊号「戦後十年傑作シナリオ集」

(一九五六年一二月)にはまだ女たちが慰安婦の設定のままの脚本「暁の脱走」がおさめられている。

映画の舞台は中国大陸の華北に設定され、伊豆大島で長期にわたるロケが行われた。淑子の妹・悦子が同行してスタッフにかわいがられたようすを当時の映画雑誌が伝えている。田村泰次郎もロケ地を訪問した。

小説『春婦伝』と映画『暁の脱走』との相違を示すイメージとして、春美(山口淑子)がチャイナドレス(といっても汚れくたびれたもの)で登場する一連の場面をあげることができる。『暁の脱走』のヒロインの形象は、原作を離れて、李香蘭としての彼女のイメージとつながりをもたせられている。また『暁の脱走』オリジナルの場面に、春美が「荒城の月」を歌って兵士たちの心をうつ場面がある。「荒城の月」は『白蘭の歌』でも歌われ、歌手としての李香蘭=山口淑子のレパートリーでもあった。

三上(池部良)とともに八路軍にとらわれた春美が流暢な中国語をあやつり、中国人医師、軍人、女たちと語り合う場面もある。主演の山口淑子を生かす、あるいは、彼女の資質に依存した演出である。

『暁の脱走』の冒頭タイトルには、「平和と自由を約束された今日の日本を見ずして、侵略戦争の犠牲となり、大陸の戦野に斃れた幾多の同胞の霊に謹んでこの一篇を捧げる」と記された。田村泰次郎が公表を許されなかった『春婦伝』幻の序文で、一編を「あらゆる最前線に挺身し、その青春と肉体とを亡ぼし去つた数万の朝鮮娘子軍にささぐ」と記したのと、ひどく遠いところに、映画は着地せざるをえなかったのである。

『暁の脱走』は『キネマ旬報』一九五〇年度の日本映画ベスト・テンの第三位に選ばれ、一九五一年にはカンヌ映画祭へ出品され、香港でも封切られ好評を博した。

彼女は戦後、自身の代表作を問われるとまっさきに『暁の脱走』をあげている。また、後年、政治家としてのライフワークのひとつに元慰安婦への補償をあげ、超党派で設立された財団法人女性のためのアジア平和国民基金の副理事長をつとめた。『暁の脱走』で春美を演じた者の使命に言及したこともある。

注1　川崎賢子「GHQ占領期の出版と文学——田村泰次郎「春婦伝」の周辺」(『昭和文学研究』五二集、二〇〇六年三月)を参照されたい。

第7章 「シャーリー・ヤマグチ」の誕生

1 GHQ占領期の彼女

日本文学研究の泰斗ドナルド・キーン氏は一九四二年二月、米海軍日本語学校に二期生として入学した。彼が入学した時カリフォルニア大学バークレー校にあった米海軍日本語学校はその年の半ばにコロラド大学に移転した。ドナルド・キーン、河路由佳『ドナルド・キーン わたしの日本語修行』(白水社、二〇一四年)によれば、週一回、日本映画を観る義務があり、簡単な言葉しかわからなかったが、日本の社会や習慣に慣れるという意味はあった。彼が顔を覚えた日本女優は田中絹代だったという。

一九四三年一月以降、海軍情報士官として太平洋戦線において日本兵捕虜の尋問や通訳、日本兵が残した日記の読解などを手がけ、終戦までハワイ・真珠湾、アッツ島、キスカ島、アダク島、レイテ島、沖縄、グアムを転々とした。一九四四年一月、ベートーヴェンのエロイカ・シンフォニー(交響曲第三番「英雄」)を聴きたいという日本人捕虜の願いにこたえ、ハワイの捕虜収容所でひそかにレコード鑑賞会を催した。音響のよさそうなシャワー室に私物の小型蓄音機を持ちこみ、三、四〇名の捕虜を聴衆に「英雄」を流す前に、日本の流行歌のレコードを四、五枚かけた。そのなかにはホノルルで購入した「支那の夜」もふくまれていたという。

山口淑子が泉下の人となった後、キーン氏は彼女を「友人」「大女優」と呼んで次のように書いている。「私は李香蘭主演の映画「支那の夜」の音楽をハワイで日本人捕虜に聞かせたことがある。その話をしたが、山口は何も答えなかった。二つの祖国に複雑な思いがあったのだろう」(「ドナルド・キーンの東京下町日記」『東京新聞』二〇一四年一〇月五日)

太平洋戦争中、日本は敵国語として、英語教育やメディアでの英語使用を制限したが、アメリカでは軍隊が日本語学校を設けて、情報宣伝戦や捕虜の尋問に役立て、戦後占領をも視野に入れる人材育成を行った。

ラテンアメリカをフィールドとして出発した文化人類学者ハーバート・パッシン(一九一六―二〇〇三)は、『米陸軍日本語学校――日本との出会い』(TBSブリタニカ、一九八一年)において、ミシガン大学の陸軍日本語学校で週に一、二度「ヒアリングの能力」を養うために見せられた映画のなかで、一番人気は『支那の夜』(伏水修監督、李香蘭、長谷川一夫主演、一九四〇年)だったと証言している。太平洋戦線から戦利品として持ち帰られたフィルムの点数は多くはなかったため、一本を一〇回以上も見、やがて「うたわれる歌、使われる台詞《せりふ》のすべてが暗誦されるようになった」という。

「長谷川一夫が満州娘の李香蘭にヒジ鉄砲を食らい、邪険にされながらも粘り強く求愛を続け、ついにはそのハートを射とめて、われわれがいうところの国際的結び付き、映画がいうところの大東亜共栄圏の完成に至ると、期せずして万雷の拍手がわき起こった。(中略)この映画の描く世界はわれわれの多くにとって、占領日本(われわれはそれをすでに確信していた)を背景とし、自分を主人公として展開される甘美な夢を先取りした世界であった。(中略)李香蘭は間違いなくA中隊の恋人となった。日本語学校の仲間にとって、現実の彼女と知り合うことが生涯の望みとなった。多くの者が、日本の土を踏んだら何はさておき、まず李香蘭を捜し出すと宣言」(『米陸軍日本語学校』七六―七七ページ)したという。

『李香蘭　私の半生』の「戦後、鎌倉の川喜多長政氏のお宅に厄介になっていたころ、アメリカ進駐軍の情報将校たちが訪ねてきたことがあったが、私の顔をみるなり、一人が「ヘーイ！　ミス・ケイラン」と叫んで握手を求めてきた。ケイランというのは『支那の夜』の中で私が扮した中国娘・桂蘭のことだった」(一六七ページ)という本人の述懐もこれに呼応するようである。

もっとも『支那の夜』は、李香蘭が中国人女優として流暢な中国語で語り歌う、いわば日中バイリンガル映画であり、日本語学校の教材として「うたわれる歌、使われる台詞のすべてが暗誦される」ようになるためには、日本語だけではなく中国語にも通じなければならなかったのでは、と、いらざる疑問をいだかずにいられないが、日中の言語文化の相違は彼らのオリエンタリズムの前には些細なものでしかなかったのだろうか。「李香蘭の燃える思いに打ち震える風情、かすかな目の動きに見せる慕情、小首をかしげる可憐さ、全身の喜びを凝縮させる一瞬のほほ笑み」(『米陸軍日本語学校』八四ページ)について、パッシンはアメリカ女性との相違を指摘しており、しかも親日派の中国人女優という文化宣伝にもかかわらず、李香蘭のうちに彼が見出したものはどうやらまぎれもなく「日本」的なるものだったのである。

パッシンは、日本の戦中戦後の観客とも、中国の観客とも異なる視角から『支那の夜』を受けとめ、記憶している。そのズレが興味深い。

まず映画の理解、解釈として、李香蘭が演じるところの「桂蘭」は「満州娘」ではなく、舞台は上海である。このメロドラマのストーリーについての解釈は、現在では、パッシンのそれとは異なるところに焦点があてられている。家族と財産を奪われ当然のこととして抗日派となった中国娘「桂蘭」は、長谷川一夫演じる日本人男性「長谷」や「長谷」を慕う「とし子」の厚意を邪険にしりぞけるが、それが重なって日ごろ温厚で「粘り強く」あろうとしていたはずの「長谷」がおもわず「桂蘭」に手を上げてしまう。男に頬を打たれた女は、彼の「愛」を強く意識し、彼に愛情を抱くようになる。男が女を殴る行為を男女ともに「愛情表現」と了解し、それを契機にドラマが展開するという趣向は、旧来の日本映画ないし日本文化の文脈では違和のないものかもしれないが、中国の観客にとっては受けいれがたく、メロドラマの男女関係に同時代の日中関係を重ね合わせるなら屈辱以外のなにものでもなかった。そのような心情にたいする配慮ができないところに、後進の帝国主義国家日本の特殊性を指摘する向きもある。

後年、自伝『李香蘭 私の半生』執筆にあたって李香蘭の演じた「桂蘭」およびいわゆる「大陸三部作」を改めてみた山口淑子が「自己嫌悪に陥り、罪悪感に苛《さいな》まれる苦悩の姿は、見ていられなかった」(『李香蘭 私の半生』「あとがき その二」)と共著者の藤原作弥氏は記している。

ところがパッシン(および彼とともに軍の日本語学校で学んだ者たち)は、長谷川一夫に自身を投影し、GHQ占領下の日本で「自分を主人公として展開される甘美な夢を先取りした世界」を映画『支那の夜』にみたという。

この種のオリエンタリズムの甘美な夢について、パッシンもまたGHQ占領期にその一翼を担ったCCDにおけるメディア検閲のコードを参照するなら、ここにもねじれを指摘することができる。なぜなら、前述のように、占領期の検閲は、占領者と被占領者のあいだの性的な関係を、その性質がどのようなものであれ、「fraternization」として検閲の対象とし、可視化することを禁じようとしていたからである。

ところで、GHQ占領下日本におけるメディア検閲が正当化された理由のひとつには、講和条約発効までは戦争状態であり、軍事関連情報は機密事項だという建前があった。男女関係だけではなく、占領軍関係者の動向を可視のものにすることも、検閲処分の対象だった。しかも、パッシンが赴任した福岡博多のCCDに日本人検閲官として勤務し、演劇・芸能の検閲調査にたずさわった棚町知彌の証言によれば占領政策を批判しあるいは抵抗して検閲処分を受けたもの以上に、占領軍との公私にわたる交遊を誇示したり、もののやりとり、便宜を図ってもらったことなどに言及した結果、検閲処分の対象になった事例が多いともいう(棚町知彌「GHQ演劇検閲のころ——一九四〇年代文学研究の基底を探って」『演劇研究』三一号、二〇〇七年、「棚町知彌氏にきく——占領下の福岡博多を中心とする、演劇検閲と地方演劇の状況」『歌舞伎』二五号、二〇〇〇年など参照)。『占領期雑誌資料大系　文学編』全五巻(山本武利・川崎賢子・十重田裕一・宗像和重編、岩波書店、二〇〇九—二〇一〇年)にも、占領軍との親密に過ぎる関係に言及して検閲処分を受けたテクストが収められている。

パッシンは、一九四六年に来日しているが、すくなくとも『米陸軍日本語学校』が翻訳される一九八一年まで、「A中隊の恋人」となった『支那の夜』の桂蘭あるいはそれを演じた彼女と面識はなかったようだ。

一方、一九四六年四月一日、雲仙丸で上海から引揚げた彼女は、博多港で、川喜多長政と、二人の米軍将校と並んで写真(次頁)におさまっている。二〇〇四年『「李香蘭」を生きて』に収録された際は「引き揚げたその日、博多港で。左は川喜多さん」とキャプションを付せられた同じ写真について、『東京人』二〇〇六年一一月号「李香蘭が見たモダン上海」の記事では「一九四六年四月一日、上海から引き揚げた後、福岡で取り調べを受けた際に、CICの係官と、川喜多長政(左)と一緒に」というキャプションが付けられている。CIC(Counter Intelligence Corps 対敵諜報部隊)は米国陸軍において、反軍、破壊、スパイ活動を監視する部署で、GHQ占領期には、中国大陸から引揚げる重要人物について、聞き取り調査を行っていた。

引揚げのとき、彼女は何について尋ねられ、何を答えたか、明らかにされていない。しかしながら、このとき以来、占領下の彼女は、ＣＩＣの関心を引く対象だったはずである。川喜多長政の鎌倉の家に寄寓していた彼女の前に情報将校があらわれたのも、追跡調査という意味合いを含んでいたかもしれない。

ＧＨＱ占領期には、幾人かの将校、それも情報将校が、彼女の「友人」だった。

ＣＣＤ検閲が、占領軍情報の流れや、占領軍と日本女性との交遊に神経を尖らせていたにもかかわらず、占領下のメディアにおいても、李香蘭あらため山口淑子はその華やかな交友関係を隠そうとしなかった。

写真協力・公益財団法人川喜多記念映画文化財団

たとえば、「アメリカ陸軍省民間事業部、記録映画の専門家」「Ｃ・Ｉ・Ｅのために」日本で映画を製作していると紹介されるダン・ローラーとの対談では「私達が驚いたことには、既に山口さんはローラーさんを御存知でした」(対談「心ひらけ花の如く　世界の中の日本女性たち」『美貌』一九四九年四月号)との編集者言が付せられている。山口淑子の人脈が日本のメディア政策を指導したＣＩＥ映画製作者にまで及んでいることに驚かされる。それ以上に、占領期における検閲の方針を研究する者としては、彼女が占領機関の要人との交友関係を広言していることにいっそう驚かされる。大胆なのか、天真爛漫なのか。彼女は特別扱いなのか。

「日本へ来るアメリカの映画関係者が、まず会う人は、このリイ・シヤン・ランのヨシコ・ヤマグチなのだ」(富田英三「山口淑子さんにイカレた記」『映画ファン』一九四九年八月号)という証言さえある。とすれば、CIE映画製作者のダン・ローラーも、陸軍省関係者とはいえ、映画人の一人として彼女との交友を日本のメディアに書かれてもかまわなかったということだろうか。

映画人に限らず、さすがに軍関係者とは明言しないものの、男女問わず「アメリカのお友達」が多かったことは、占領期の彼女の発言のはしばしからうかがわれる。

「わたしのおつき合いしているアメリカの方も大抵中国服を二三着もってらっしゃるのよ」(松井直樹「豪華に咲いた妖しい花――お好みの衣裳拝見――山口淑子さん」『婦人文庫』一九四七年一〇月号)、「この間、アメリカへ帰る女の方におみやげを差上げようと思つて袋物屋へいきましたら」(松井直樹司会、山口淑子・桑沢洋子・南部あき・河野鷹思「座談会　一九四九年の流行は――どうなるか」『若い婦人』一九四九年一月号)というあたりは、まだ穏当なほうである。

「わたくしが前から懇意にしてゐたアメリカ人のご夫婦にこの間会ひましてね、いろいろお話してたら、そのご主人が仰言るのよ「今度の戦争で沢山のアメリカ人が日本に来たお蔭で、日本人の男女は実際的な教訓を摑くとも二つは得たらうと思ふ。一つは、アメリカ人に比べると日本の男が実に乱暴だつたといふことを、日本の男が反省しただらうといふこと、もう一つは、アメリカ人と実際に比べることが出来たので、ヂエントル(優しい、立派)といふことはかういふことだといふ認識を、日本の女性がハッキリと実際に摑むことが出来ただらうといふこと……」」(北原武夫・山口淑子対談「仕事に生きる女性の問題」『スタイル』一九四七年五月号)、「私、この頃アメリカ人の家庭生活や、男性と女性との交際をよくみてゐます。彼等は、男と女と対等に立つてゐます。fifty fifty です。アメリカの男性は、女性に対して、人格を要求してゐます」(「男対女は5対5 映画スタアで流行歌手 山口淑子さんに訊く」『美貌』一九四八年九月号)、「アメリカの男性は、女性にたいして人格を要求しています」(山口淑子「女性を尊敬する人を」『読物時事』一九四九年三月号)などの一連の発言など、GHQ占領期の彼女は、アメリカ流の対等な男女関係についての見聞を、饒舌に物語っている。

新時代の自立した女性、交友関係の広い国際派女優としての社交の賜物だろうか。メディアがそれを彼女に求め、彼女はそれに応えたのかもしれない。山口淑子の恋愛論のキーワードは、フィフティ・フィフティの男女関係、人格の尊重、対等な男女といったもので、アメリカ人の家庭生活や男女関係が、あるべき手本とされた。歯に衣を着せぬ発言からは、男女同権の時代、民主主義の象徴としての恋愛イデオロギーもうかがわれる。

次のような発言は、体験談と読んでもかまわないだろう。

「アメリカの人もさうですけど、大体あちらの人といふのはこれはと思つた女の人には、実に卒直で、勇敢で、もう一本槍なのよ。私だけでなく、いろんな人に訊いてみてもさうなんですけど、もう真ツ直ぐ進んで来て、「今日晩御飯を一緒に食べませう」今日は駄目だと言ふと、「ぢや、家まで送つてゆきませう」といふ風にどんな機会でも遁さないの。そして、一番気持がいゝのは、自分はかういふ職業で、この位収入があり、将来はこの位になるつもりだと初対面でも身分職業をハッキリさせて」(川口松太郎・山口淑子対談「これからの男と女!」『スタイル』一九四八年一一月号)口説くことである、云々。

平時であれば、美貌をもてはやされる国際派女優ならではの恋愛談ですまされよう。けれども「fraternization」が検閲処分の対象となるGHQ占領期である。占領軍関係者、とりわけ情報将校たちが、そういう口説き方が彼女にとって一番気持ちいいことだからと、「初対面でも身分職業をハッキリさせて」近寄るようなことはあったのか、なかったのか。検閲、そして情報戦という見地からすると、たいへん興味深く、うかつに読み過ごすことができない。

「今、もう一つ盛んに使っている名前があります。Shirley(シヤーリイ)、勿論。アメリカのお友達と御一緒の時だけ」(「私の名前」『サロン』一九四八年九月号)、「私は中国の名前を二つ、米国の名前を一つ日本の名前も二つ持っている」(「李香蘭」改め山口淑子「私はこう考えています」『週刊大阪』一九四八年九月五日号)といった発言は、どこかしら時代のタブーに対して挑発的ですらある。

中国の名前ふたつは「李香蘭」「潘淑華」、米国の名前ひとつが「シャーリー・ヤマグチ」、日本の名前ふたつというのは「山口淑子」と「阪内禎子」のことか。「阪内禎子」名については、奉天放送局時代、日本語で登場するときに使われた「日本ペンネーム」(南部僑一郎「再生・山口淑子の半生」『談話』一九四八年二月号)と伝えられている。

「アメリカのお友達と御一緒の時だけ」、しかし占領期にはさかんに使っていたという「シャーリー・ヤマグチ」について、ここでは、自伝『李香蘭　私の半生』とは異なる説明がされている。『李香蘭　私の半生』によれば、一九五〇年に初渡米し、キング・ヴィダー監督『東は東』出演の契約を結んだ折のこと。

私の芸名は「シャーリイ・ヤマグチ」と決まった。李香蘭（リイシャンラン）の響きから「シャ」と「リイ」を引きつぎ、アメリカの女性の名前によくあるシャーリイを名乗ることになったのである。（三九八ページ）

しかしながら「シャーリイ・ヤマグチ」（あるいは「シャーリー・ヤマグチ」）は「芸名」であるより前に、ＧＨＱ占領期において「アメリカのお友達と御一緒の時」に使われる米国名だった。「シャーリー・ヤマグチ」の誕生は、自伝が回想する時点より二、三年早い。一九五〇年、ハワイ経由で米国西海岸に彼女が降り立ったときには、「李香蘭」「山口淑子」そして「シャーリー・ヤマグチ」の名で新聞報道されている。

「シャーリー・ヤマグチ」の響きは、彼女自身が認める通り「李香蘭（リイシャンラン）」の断片を引きついでいた。「李香蘭」の残響と、延命と再生を告げる象徴的な固有名となっている。

こんにちのわたしたちは、なんとはなしに、一九四五年八月一五日の敗戦、そして上海におけるいわゆる「漢奸裁判」、一九四六年四月の日本への帰国以後、「李香蘭」から「山口淑子」への変身、断絶や価値観の転換のような事態があったというふうにおもいこみがちだが、同時代のメディアを読みこむと、そうとばかりはいえない。一九八七年初夏『李香蘭 私の半生』(新潮社)のあとがきには「かつて私は、李香蘭の名前を葬ろうと固く決意したものだが、あれから四十余年、折にふれ時にふれ、彼女は私にまとわりついてきた。もちろん、私のほうにも彼女と離れがたいところがあったからだ」と記している。先の追悼記事でドナルド・キーン氏は彼女にとっての中国と日本を「二つの祖国」と呼んだ。かつて彼女自身は「日本は祖国、中国は母国」と語ったと伝えられる。もっとも彼女の人生の軌跡には、いたるところ重複し重層する境界的な時間と空間がひろがっていて、「李香蘭」「山口淑子」「シャーリー・ヤマグチ」それぞれの名前の使い分け、その分割や割り当ては、截然としたものではなかった。「李香蘭」は、日中戦争時の日本と大陸だけで使われて終止符を打たれた名前ではなく、「シャーリー・ヤマグチ」もアメリカの映画界でだけ使われた芸名ではなかった。それどころか「シャーリー・ヤマグチ」は占領軍との関係、GHQ占領期の文化のなかからつかみとられた名前である。

一九五〇年代、彼女は日本では山口淑子として、アメリカではシャーリー・ヤマグチとして、そして香港映画では李香蘭として、複数の名前とキャラクターを背負って銀幕を飾っていた。

むしろ「中国名を持っていることは、中国にいる私達には必然性のある事であり決して偽りの生活だの、だます為の名前をつけたの――だのと簡単に判断してしまう新聞デマや普通の日本人には、判らないかも知れない」(「私はこう考えています」)という、「普通の日本人には、判らないかも知れない」、そして彼女自身にとってもわかりやすく説明することのできない、時にいらだたしくもある複数性を背負ったありようこそ、戦後占領期にもなお彼女の魅惑の源泉だった。

大正期の新興美術運動に参画し、帰山教正のサイレント映画『幻影の女』（一九二〇年）の字幕タイポグラフィや、小山内薫のトーキー作品『黎明』（一九二七年）の装置設計、アーノルド・ファンクと伊丹万作の『新しき土』（一九三七年）の美術など、映画界の仕事も多く手がけた吉田謙吉（一八九七―一九八二）は「山口淑子さんの魅力は、一口にいへば李香蘭の魅力だとおもふ」（「ほのぼのとした魅力」『美貌』一九四九年一月）と喝破している。

彼女は占領期を通じて、メディアの取材に対しては中国服で登場し、「李香蘭といえば中国服、中国服といえば李香蘭、というくらい山口淑子さんの美しい中国服姿は、李香蘭時代から」（「豪華に咲いた妖しい花」）と評されるように、衣装を通じての李香蘭／山口淑子の重複や連続性のイメージ形成に、みずから手を貸してもいた。

中国生まれ中国育ちの姉妹とは、「妹は日本語よりも北京語の方が上手」（近藤貝太郎「山口淑子の家庭訪問記」『映画読物』一九四九年四月号）でもあり、家では中国語、とりわけケンカになると中国語がとびかうのだと、随所で語った。食事はいうまでもなく中華料理。

中国から引揚げた家族と暮らす阿佐ヶ谷の私宅を訪ねたインタヴュアーは「中国からお客さまが来ているので、ちよつとあちらでお待ちになつて……」と案内され、「さすが国際人が多く出入りするだけにさゝやかな酒場のスタンドがあるし、中二階にはバンドの席も出来ている。／フローアは約廿畳はたつぷり、パーティでもある日は定めし、そこらへんのキャバレエくそくらえの盛観となろう」(風間四郎「甘ったるい日本語――山口淑子さん素顔訪問」『映画物語』一九四九年一〇月号)と好奇のまなざしをはたらかせている。

妹の一人は「心合ふお友達を宅に迎へ自慢の中国料理の腕を振つて御馳走するのが姉の趣味です。そのお友達は日本の方アメリカの方中国の方三ケ国の方々がよく御一緒になります」(「私のお姉さん――山口淑子さんを語る悦チャン」『映画スタア』一九四九年八月一日)と証言している。

一九四九年、中華人民共和国建国前夜、彼女のもとを訪れていた中国の友人たちとはどのようなひとびとだったのだろう。彼女が「母国」と呼んだという中国は流動し、ひとつではなかった。

一九五〇年、はじめてアメリカを訪れた彼女は、やはりチャイナドレスを身にまとっていた。その年六月六日、ロサンゼルスの『羅府新報』は「銀幕の歌手〝山口淑子〟……愈々明日羅府入り……九日より六日間歌で御挨拶」と報じた。同時に招聘元の興行主、松尾興行は「歌と映画で当地のファン皆様に御挨拶……待望久しい銀幕の名花……李香蘭改め山口淑子来る‼」と広告を打っている。これにさきがけ松尾興行部提供で山口淑子主演『流星』、高峰秀子主演『愛よ星と共に』という阿部豊監督二本立て上映会が開催された(五月二〇日、二一日午後七時に天理教ホール、二三日午後七時にデラックス館)。

既報によれば山口淑子は一九五〇年四月二一日に日本を出発していた。一九四九年一〇月に日米親善使節として渡米し、翌年一月に帰国した田中絹代を皮切りに、GHQ占領下の芸能人渡米ブームだった。一般人には海外旅行が困難な時代である。渡辺はま子、市丸、小唄勝太郎、藤山一郎、暁テル子、古賀政男、霧島昇、美空ひばりなどが、あいついでロサンゼルスで公演している。

ハワイでのチャリティー公演を経て、彼女がロサンゼルス市に到着した翌日、『羅府新報』六月八日の見出しは「〝米映画でも出演交渉〟……銀幕の女王「李香蘭」来る……国際的女優山口淑子昨夜着羅：憧れの米国え《（ママ）》第一歩」というもので、本文には「『支那の夜』『熱砂の誓い』や『暁の脱走』など名映画」で全日本はもちろんアメリカにも「銀幕の女王「李香蘭」として知られる山口淑子さん」と紹介されている。あわせて、彼女が「支那服」姿で現れたこと、パール・バックとルーズヴェルト未亡人に会見予定であることが報道された。

『羅府新報』は現地の邦人向け新聞で、英字版のページが併設され、そちらは見出しの呼称が「Rikoran」、写真キャプションの呼称が「Yoshiko Yamaguchi」で、本文には「Shirley Yoshiko Yamaguchi, known as Rikoran」と紹介された上、ジュディ・ガーランドに関心を寄せていること、本人のお気に入りの出演作品は『支那の夜』、戦後に出演した映画のなかでは『暁の脱走』が一番だけれど、との彼女のコメントが掲載された。

『暁の脱走』は、前章に述べたとおり、一九五〇年一月八日に公開されたばかりの新作だった。

2　はじめてのアメリカ

『暁の脱走』は、海を越えて、彼女の戦後の代表作のひとつとなっていた。一九五〇年の米国公演は、映画上映と五〇分前後のショーで構成されており、『暁の脱走』もそこで上映されている。

一九五〇年六月九日付『羅府新報』見出しは「聖林でキッス研究……ズバリと語る山口淑子……愈々今夕天理教でお目見得」で、前日に、彼女と松尾興行部支配人・河合大洋による邦字紙記者との会見が行われたことを報じている。

前掲の平野共余子『天皇と接吻』は占領期のメディア政策のいまひとつの側面、戦後民主主義の象徴としての恋愛表象の位置付け、若者の恋愛の自由のあらわれとしてのキスシーンの奨励と、「接吻映画」と呼ばれるジャンルの成り立ちをも論じている。戦前戦中の検閲によって禁じられ日本映画にあらわれることのなかったキスシーンが、占領下にはCIEの指導のもとに解禁された。山口淑子のはじめてのキスシーンは『わが生涯のかがやける日』(吉村公三郎監督、一九四八年)で、相手役は森雅之だった。俳優にとっても監督にとっても要領を得ない撮影だったといい、ハリウッドにキスシーンの勉強に来たという山口淑子の発言は、GHQ占領期の政治と映画にもかかわる刺激的なものだった。

会見後『羅府新報』は、彼女を「数カ国語をしゃべる日本銀幕界のインテリー女優山口淑子嬢」と紹介した。一方、英字版の本文にはあいかわらず「李香蘭、『支那の夜』のスター」と李香蘭名で表記されていた。記者が別人であったのかどうか、日本語版と英字版とで『支那の夜』についての言及に相違がある理由は、わからない。山口淑子や興行主の意向によるものなのか、どうだろう。

李香蘭(山口淑子)主演の映画『支那の夜』は、製作の東宝が、渡辺はま子歌唱の流行歌「支那の夜」と、いまふうにいえばメディアミックスをあてこみ、同じタイトルで企画した。李香蘭は映画のなかで「支那の夜」を歌ったが、レコードは渡辺はま子である。ディスコグラフィによれば、李香蘭(山口淑子)は生涯「支那の夜」というタイトルの楽曲を吹き込んでいない。同じ映画『支那の夜』のなかで歌われた「蘇州夜曲」であれば、戦後、録音されている。とすれば先述のキーン氏が戦時中にホノルルで買いもとめたレコード「支那の夜」の歌唱は、渡辺はま子のものだったかもしれない。だから、『支那の夜』の音楽について話題をふられた後年の彼女は、それについて何も応えなかったのかもしれない。

それだけではなく、「支那」という表記について、それが中国のひとびとの心情を傷つける蔑称であると知って以来、彼女はそれを口にすることをはばかった、だから「支那の夜」をレコード化していないという伝説もあるようだ。中国人女優としてふるまい、中国人の友人が多かった彼女が、いつそのことを知ったかについては、諸説ある。たとえば劇団四季のミュージカル『李香蘭』(一九九一年初演)劇中では「支那の夜」は歌われない。

しかしながら、すくなくともGHQ占領期において、あるいはアメリカにおいて、事情は違っていた。

新聞広告によれば「李香蘭改め山口淑子〝歌と映画の夕〟」は、六月九、一〇、一一、一二日に天理教ホール、六月一三、一四日にデラックス館、いずれも毎夜二回上演といういささか苛酷なスケジュールだった。六月二九日付の広告によって「李香蘭こと山口淑子」が、この間「突然発病入院」するも「お蔭様にて病気も全快」し、あらためて再度おめみえさせていただくのでいっそうのご声援をいただきたい、という「御礼と御願い」が伝えられる。六月三〇日に西南区デラックス劇場において二回公演、七月一日、二日に西本願寺羅府別院ホールにおいてそれぞれ二回公演を予告する広告には、「RIKORAN」「SHIRLEY YAMAGUCHI」「山口淑子」の三つの名前が併記されていた。

二〇一二年八月に、シカゴ大学のマイケル・K・ボーダッシュ教授が山口淑子米国公演の音源を発見し、当時九二歳だった山口淑子氏もこれを確認した。サクラメントでの公演を収録したもので、UCLAのチャールズ・E・ヤング図書館の特別コレクションでこれを聴くことができる。

「モントレーからサクラメントまで三百マイル近い道のりを暑さのなかやってきた」と語っているところから、ロサンゼルス公演後のものであろう。中国語と日本語で挨拶しているが、聴衆はほとんど在米の日系人だろう。四声の使い分けによる中国語の洒落を紹介したり、日中戦争中のことについて会場から質問され軽くはぐらかしたり、闊達なトークを繰り広げている。司会者は「松尾興行の第三回プログラム」と紹介している。

『暁の脱走』を上映する前に和服で登場し、「さくらさくら」「東京夜曲」を歌い、チャイナドレス（彼女は「支那服」と呼んだ）に着替えて「蘇州夜曲」を歌い、次の「夜来香」は「北京語」で歌った。伴奏はピアノ一台だが、リズムのノリがいい。

司会者は「蘇州夜曲」を繰り返しあやまって映画『白蘭の歌』主題歌と紹介している（実際は映画『支那の夜』劇中歌）。司会者は、彼女の意向にしたがって『支那の夜』にふれることを避けているのだろうか、とおもいきや、アンコールには「支那の夜」が歌われた。

一九五〇年のアメリカで、彼女はチャイナドレスを身にまとい「支那の夜」を歌ったのである。

第8章　「ノグチ・ヨシコ」の誕生まで

1　ハリウッド映画の彼女

一九五〇年四月、三ヶ月の予定でアメリカに旅立った山口淑子は、公演が成功し、東海岸での勉強と仕事の可能性がふくらんだことから滞在を延長し、西海岸から東海岸へと移動する。

このようにひとことでまとめると、なんでもないことのようだが、海外に出るというだけでも制限があったGHQ占領期である。日本円は弱く、その価値はいまとは比べものにならない。日本と中国大陸のあいだを、後ろ盾にささえられて往還し、仕事がお膳立てされていたのとは、訳が違う。年齢をかさねて妖艶さを増した美貌、卓越した語学力、クラシックの基本を身につけた美声、もって生まれた資質にくわえて貪欲な向上心と、人脈づくりの社交術にも、いっそう磨きがかけられたことだろう。

ニューヨークでは、アクターズ・スタジオで舞台発声術の個人指導を受け、上海から移住していたベラ・マゼル女史について声楽をひきつづき学んだ。ブロードウェイの舞台出演の話がもちあがった。ミュージカル『マルコ・ポーロ』のフビライ汗の娘の役である。あいにく、この企画は、朝鮮戦争に中国軍が介入した時期と重なったために、進行を見合わせることになるが、ハリウッド映画『東は東』(キング・ヴィダー監督)の主演が本決まりとなるという朗報もあった。

キング・ヴィダー(一八九四―一九八二)監督はサイレント時代から活躍し、一九四六年には『白昼の決闘』、一九五六年にはオードリー・ヘップバーン主演の『戦争と平和』も手がけた巨匠である。『東は東』は原題『Japanese War Bride』で、彼女はシャーリー・ヤマグチ Shirley Yamaguchi の芸名で、看護師として知り合い恋に落ちた米軍の傷病兵と結ばれ、西海岸に移住する戦争花嫁を演じている。夫の家族からは何かと疎んじられ、生まれた子供が夫に似ていないところから日系人との姦通を疑われ、自殺未遂にまで追いこまれるが、やがて和解するというメロドラマである。映画は一九五二年に公開された。シャーリー・ヤマグチとして出演した作品は他に『東京暗黒街・竹の家(原題・House of Bamboo)』(サミュエル・フラー監督、一九五五年)、『Navy Wife』(エドワード・バーンズ監督、一九五六年)などがある。

いずれも戦後のアメリカ人男性と日本女性とのロマンスや結婚を題材に、戦勝者・占領者である男性と敗者・被支配者である女性とが文化のギャップを超えて結ばれる。性差(ジェンダー)はナショナルな力関係のメタファーになっている。日中戦争時に李香蘭が出演した映画では、男性は日本人で女性は中国人という組み合わせだったが、戦後シャーリー・ヤマグチが出演したハリウッド映画では、男性はアメリカ人で女性は日本人という組み合わせで、いずれにしても彼女は敗北し支配されている国の女性であり、その女性性の表象は日本人らしさの表象と二重になっている。立場が弱く、しばしば心身ともに追いつめられながらも男性に尽くす日本女性のイメージが一方的にアメリカの観客にとって都合のいいものであることや、そこに表象されるいわゆる日本的な日常なるものが誤読や誤解の上に成り立っていて、不正確なものであることなど、敗者の、この場合は戦後日本の、観客や批評家の神経を逆なでする要素もあった。『東は東』の戦争花嫁は流暢な英語を駆使し、時には召使いのように、米軍出身の夫の家族に献身的に尽くし、彼らの家族イデオロギーを代弁してみせるが、子どもが夫(そして米国の白人たち)に似ていないと非難されたとき、閉じこめていた怒りを日本語で爆発させる。おそらく彼女が日本語で何をくちばしっているのか、彼らには理解できない。国際女優シャーリー・ヤマグチは、かつて李香蘭の日中合作映画の背景にあった国策や文化宣伝や戦争からは解き放たれていたが、ナショナリズムとジェンダーの矛盾、葛藤から自由ではなかった。しかしながら、出演者である彼女が、設定の不自然さを訂正させたり、考証に口を挟むことができるかといえば、そのような権限はなかったろう。

『東は東』の主演を射止めるまでに、彼女は東海岸のショービジネスの世界でも人脈を広げていた。

『李香蘭 私の半生』には「NBCテレビのウォルター・ウィンチェルのインタヴュー・ショウにプロ野球の人気選手、ジョー・ディマジオと出演」「それがきっかけでウィンチェル氏を中心にしたブロードウェイの俳優たちの仲間に加えられ」、ウィンチェルの誘いでジョー・ディマジオとともにミュージカル『王様と私』を観劇し、楽屋を訪れたと記されている(三九九ページ)。

NBCテレビ「ウォルター・ウィンチェル・ショー」の開始は一九六〇年のことなので、山口淑子が渡米時に出演したのはウィンチェルがABCテレビとラジオで毎週一五分間放送していた番組だろう。

ウィンチェルは、一九五〇年代にマッカーシー上院議員がマスコミ関係者、映画関係者、芸能人まで摘発対象を広げた、いわゆるマッカーシズム、赤狩りの協力者としても知られている。

一九五一年にセントジェームズ劇場で初演された『王様と私』の主演ユル・ブリンナーについて、『李香蘭 私の半生』は、「モンゴル人の父とルーマニア系ジプシーの母とのあいだにサハリン(樺《から》太《ふと》)で生まれ、北京で育ち、ソルボンヌ大学に学び、モスクワの劇団で活躍した——という多彩な経歴の持主」(三九九—四〇〇ページ)と紹介している。近年の調査では、ユル・ブリンナーはウラジオストックの生まれとされる。両親、祖父母の出自をたどると、ドイツ系スイス、ロシア、イルクーツクの先住民族、ブリヤートなどなど、こみいった文化と血を承けているともいう。彼は『王様と私』のシャム王の役で一九五二年にトニー賞を受賞した。「彼が、駆けだしの私をしばしばエスコートしてくれたのは、同じオリエンタル(東洋系)として気が合ったからだろう」(四〇〇ページ)というのが、山口の解釈である。

二人の経歴をみると、「オリエンタル(東洋系)」というにとどまらず、共振するところがあったかもしれない。彼は大戦中、OWI(戦時情報局)においてナチ占領下のフランスに向けたラジオ放送のアナウンサーをつとめていた。ユル・ブリンナーも、山口淑子も、二〇世紀の情報戦に動員されたハイブリッドな才能だった。「オリエンタル」というよりは、多言語多文化を生きる越境者だった。

2　パール・バックと彼女

『王様と私』の主題歌「Shall We Dance?」をはじめ、数々のミュージカルの名曲を残したリチャード・ロジャースとオスカー・ハマースタイン二世のコンビが、「修行中の新人女優である私に眼をかけてくれた」、中国を舞台にした『大地』でノーベル文学賞を受賞したパール・バックに紹介してくれたのも彼らで、「私が中国で生まれ育ったバック・グラウンドを知って、彼女に引き合わせたものらしい」(『李香蘭　私の半生』四〇一ページ)と、自伝は語る。どこかしら、彼女自身は受動的であったかのような書きぶりである。

パール・バック邸で彼女は石垣栄太郎、綾子夫妻と出会い、石垣綾子がイサム・ノグチと彼女とのあいだをとりもった。

ドウス昌代『イサム・ノグチ——宿命の越境者』(上下巻、講談社　二〇〇〇年、講談社文庫　二〇〇三年)は、彼女とパール・バックとの出会いを次のように語っている。『マルコ・ポーロ』の公演が朝鮮戦争の行方を見定めようというプロデューサーの意向で待機させられていた時期に、「淑子は尊敬するパール・バックに北京語でインタビューする機会を得た。パール・バックは戦後、アメリカ兵のアジアでの落とし子を引き取る施設「ウエルカム・ハウス」を設置して活躍していた。その基金集めのファッション・ショーに出演した」(下巻、講談社文庫版、以下引用は同じ、五三ページ)と。より積極的にまた主体的にかかわり、人脈づくりにいそしんでいたと読める。

パール・バック(中央)を囲んで．左端が綾子，後列左(立姿)は山口淑子．9月，ウェルカム・ハウスにて

それだけではない。山口淑子は、はじめての渡米にあたり、かねて複数の取材に答えて、アメリカで会いたい人としてエレノア・ルーズヴェルト(一八八四—一九六二)とパール・バック(一八九二—一九七三)の二人をあげている。エレノアは、三二代米国大統領としてニュー・ディール政策によって大恐慌後の経済立て直しをはかり、日中戦争時には蔣介石の国民党政権を支援したフランクリン・ルーズヴェルトのファーストレディであった。一九四五年四月に夫に先立たれた後、一九五二年まで米国の国連代表を務めている。山口淑子は自分を成長させてくれる人との出会いに貪欲だった。知遇を得てエレノア・ルーズヴェルトの私宅を訪ねている。高い目標を掲げて努力をいとわず実行に移す山口淑子の行動力がうかがわれる。

だが、いずれにしてもエレノア・ルーズヴェルトやパール・バックは芸能界のひとではない。アメリカでは実績のない、日本からやってきた女優が「会いたい」と声をあげたとしても、そう簡単に会える相手ではない。あるいは渡米前に周到に根回しをしていた結果、実現した会見かもしれない。目算があったからこそ、その名を口にしたのかもしれない。

3　石垣綾子と彼女

ともあれ山口淑子は一九五〇年、念願かなって敬愛するパール・バックに会見することができた。そしてパール・バックの基金集めの集いで石垣綾子に出会い、石垣夫妻を通じて彫刻家イサム・ノグチを紹介される。

『石垣綾子日記』(上下巻、岩波書店、一九九六年)によれば、一九五〇年九月一九日、パール・バック会長のWelcome Houseの基金集めの会合で、オスカー・ハマースタイン夫妻のドーリス・タウンの家に呼ばれた際に、山口淑子にはじめて出会った。山口は「「毎日」の本田社長と市田さんから」名前を聞いていたといい「ああ、あなたが石垣綾子さん」とあいさつした。彼女が名前を出した、市田博士については、石垣綾子(一九〇三―一九九六)はこの年六月、渡米公演を行ったヴァイオリニストの巌本真理の記事を『毎日新聞』に寄稿する際に、取材を通じて巌本の男友達として市田博士と知り合っていた。七月には、アメリカ地方政治体制を研究するという名目でアメリカ政府に招待された毎日新聞社社長・本田親男とも会っていた。本田より先に帰国する一行をラガーディア空港に見送った石垣は、彼らの案内役であるGHQのGS(Government Section 民政局)の職員に紹介された。

石垣綾子は、現在では「主婦という第二職業論」(『婦人公論』一九五五年二月)によって、いわゆる「主婦論争」の火付け役となり、アメリカ帰りの、アメリカを手本にしての女性の自立を説いた論者と記憶される評論家、ジャーナリストである。だが、彼女のアメリカ体験は、かの地の自由と豊かさを謳歌するという単純なものではなかった。そういう時代でもなかった。

彼女は、戦前の自由学園に学び、早稲田大学で聴講生として大山郁夫の社会科学研究グループに加わった。一九二六年に渡米、苦学してコロンビア大学に通った。移民として渡米しグリニッチ・ヴィレッジの画家となった石垣栄太郎と、一九二九年、大恐慌の年に結婚する。戦時中、彼らは日本の中国侵略に反対し、中国の抗日運動を支援、反戦グループ「日系民主委員会」の活動に参加した。OWIで伝単(対日宣伝ビラ)作成にもかかわった。アメリカ将校向けの日米会話ハンドブックを編纂したりもした。ハル・マツイのペンネームで中国侵略に反対する言論活動を行い、アメリカ陸軍省でも原稿を書いた。だが、太平洋戦争終結後の冷戦下の反共政策が彼らから職を奪い、一九五一年には帰国をやむなくされる。

マッカーシズムの圧力が身辺に及び、盗聴、呼び出し、尋問、追放に脅かされていた時期に、石垣綾子は山口淑子に出会ったのである。

日記によれば初対面の石垣綾子に、山口淑子は映画『東は東』の出演を交渉されたか、「近代お蝶夫人にて、GIと結婚した東洋の女がアメリカにきて失望し、自国に帰ってゆくすじ」であり、自分は「イーストと西の交流をめざしているから、これはいや」とことわったと、語ったそうである。前述のように、完成した『東は東』の結末は、絶望して自殺を図った日本女性は自国に帰ることなく、すんでのところで救われるというものになっていた。石垣綾子は、淑子が演劇や映画をよく観ていること、一番よいとおもった映画として、チャップリン『街の灯』を挙げたこと、「アメリカ人は、決して進駐軍のように落ち着きのない、けばけばしたものではない」(一九五〇年九月一九日)と感想をもらしたことなどを記している。

山口淑子と石垣綾子がはじめて会った日には、ハマースタインの家でチャリティーのファッション・ショーが催され、そこからパール・バックに伴われて、東洋系の混血児が養育されているウェルカム・ハウスを訪問、パール・バックの邸宅に宿泊した。

『石垣綾子日記』には随所に、冷戦下のアメリカ社会に対する批判や、手厳しい人物批評が織りこまれている。山口淑子についての記述はかなり好意的である。「ナンセンスを上手にしゃべる」(一九五〇年一〇月一七日)、「社会の動きを知り、まじめに行く人」(同年一二月七日)と、淑子の聡明さを評価したようだ。淑子と知り合った後、石垣綾子も『街の灯』を観に行き、ハリウッドのごてごてした映画のなかで、「清らかな山の清水の澄んだ流れ、新鮮な山の緑、空気にふれた感じがする」(同年一一月七日)と書いた。

一九五〇年一一月一三日、田中千代服装学園のキモノ・ショーがブルックリン博物館で催され、石垣綾子は、山口淑子、イサム・ノグチと同席した。イサム・ノグチは、この年九月一四日に、パリ、イタリアを経て、インドに四ヶ月、日本に四ヶ月の長い旅を終えたと、石垣宅に顔を見せていた。彼は石垣夫妻に敗戦後の日本は「衣食に事欠いているが、希望にみちみち、物を知ろうとする強い欲求を持っている」と熱っぽく語ったという。

ドウス昌代は、当時のイサム・ノグチは、「日本との蜜月」状態にあり、「ニューヨークにいながら、日本のことしか考えられなかった日々のなかで、イサムは、《日本から来ていた女優の山口淑子に逢った》」（『イサム・ノグチ』下巻、四五ページ）と述べている。イサム・ノグチは単刀直入に「中国女優としてマンチュリア（満州）でデビューしたキミは、つまり、日本の軍部の宣伝に使われたわけだね」（『李香蘭　私の半生』四〇三ページ）などと問いかけたが、その率直さにむしろ彼女はリラックスできた。国と国とのはざまに生き、どこに身をおいても越境者の宿命をのがれることができず、帰る国を持たない者の孤独を、二人は共有することができた。『李香蘭　私の半生』は「日本人の物の考えかたにいささかなじめないところがあり、帰りゆくふるさとを失われたもの同士の共感があった。祖国があるようでないような、さまよえる人間同士がかんじる郷愁を理解しあったといえる」（四〇三ページ）と記している。山口淑子にインタヴューしたドウスは「二人はお互いの過去についていっさい、触れなかった。過去をほじくる必要をお互いに感じなかった」（『イサム・ノグチ』下巻、五五ページ）と伝えている。

そうかもしれない。

が、あるいは、二人が一九三〇年代の中国体験について語り合うような機会があったとすれば、ますます「運命」「宿命」という言葉を愛するようになったかもしれない。

一九三〇年イサム・ノグチは、父の国、日本を再訪しようとして、実父・野口米次郎(一八七五―一九四七)の冷ややかな対応に傷つけられた。「野口の姓を名乗って日本にきてはいけない」と拒まれ、北京に向かった彼は、そこで、斉白石(一八六四―一九五七)に師事して毛筆画を学び、半年ほど過ごした。

斉白石の名は、山口淑子の自伝にも登場する。一九三四年春から四年間、彼女が北京の翊教女学校に通学するにあたり身を寄せた潘毓桂の「隣家は著名な画家・斉白石氏の邸」(『李香蘭 私の半生』六四ページ)だったのである。湖南省の貧農の家に生まれ大工の修行を経て画家を志した斉白石の転機は、「中国画学研究会」の創設メンバーで、二〇世紀初期の日中美術交流の主要な担い手である陳師曽(一八六七―一九二三)の推輓により一九二二年東京で開催された「日華聯合絵画展覧会」に出品したことである。斉白石の国際的な声価はここに定まった。趙忠華・福田隆眞「近代中国の伝統絵画の変動」(『山口大学教育学部研究論叢』二〇一五年)を参照するなら、イサム・ノグチが教えを請うた一九三〇年前後に、斉白石は北平大学芸術院教授をつとめていた。

その斉白石の最大の後援者として知られるのは須磨弥吉郎(一八九二―一九七〇)である。須磨は一九二七年北京の公使館二等書記官を振り出しに、広東、上海で任務に就いた。一九三七年、駐米大使館参事官として渡米、その二年後帰国し、外務省情報部長をつとめ、翌年、スペイン特命全権公使として赴任している。一貫して、日本のインテリジェンス(情報・諜報戦略)にかかわった外交官であり、アジア歴史資料センターには、須磨弥吉郎関連資料が四百数十件もおさめられ、彼の情報収集能力の高さがうかがわれる。新聞雑誌等メディア分析から映画フィルム検閲にまでかかわった。中国語に通じ、多くの情報源を持ったという須磨弥吉郎が、斉白石の隣人にして大物政治家であった潘毓桂の動向に関心を持たなかったとは、考えにくい。

須磨弥吉郎記述・西上実編「須磨ノート　中国近代絵画編（一）」（『学叢』二五号、京都国立博物館、二〇〇三年五月）によれば昭和二（一九二七）年に北京に赴任した須磨は、北京正金支店長だった草刈省吾、満鉄北京支社長だった牛島吉郎ら「白石党」にすすめられて白石の作品の蒐集をはじめ、作者自身から買い求める間柄にもなった。昭和二〇年八月八日付の須磨ノートには、彼が最後に白石と面会したのは昭和一〇年ころと記されている。須磨の縁でドイツ公使トラウトマンも白石を多く収蔵したという。孫文の指導する同盟会の一員で広州で革命工作をしていた羅醒吾の情報通信のために白石がはたらいた（杉村勇造『画人 斉白石』求龍堂、一九六七年）とか、満洲事変以後には彼の盛名を慕って訪問する人物に会うことを潔しとせず、盧溝橋事件以後には面会謝絶とした（足立豊「斉白石ノート」『東洋研究』一九号、一九六九年）との伝聞もある。また浅川謙次「いっせいに消えた斉白石の画」（『アジア経済旬報』六九六号、一九六七年九月二一日）は、死後、斉白石が文化大革命で批判の対象になったことを伝えている。

けれども、山口淑子、イサム・ノグチ、いずれも、斉白石を介しての縁については言及していない。気づかずに過ごしたか中国の記憶を封印していたのか。

一方、『石垣綾子日記』には、綾子がどの程度その重要性を了解していたかはわからないが、一九五〇年のアメリカで彼女がかいまみた山口淑子と中国との関係の一端が記録されている。

たとえば一九五〇年九月三〇日、山口淑子はシカゴに旅立つのだが、その前に、パール・バック邸で彼女が撮った写真を引き伸ばしたものをくれるというので、綾子は一〇時半にホテル・プラーザを訪れる。「ロビーで待っていると、東洋人あり、私の方をじろじろみている。手に雑誌を持ち、自分の顔はそれで隠し、時々こちらをのぞいている。立ちて近寄ると、彼の読んでいたのは、中国の雑誌にて、荊(Ching)という名。淑子を待っているのであった。三十五、六の余り聡明ではない顔。名刺を見ると、履歴書みたいな肩書と経歴が書いてある。顔に似合わず、偉そうな肩書なり」。

政治的には当時の石垣綾子は、はっきりと蔣介石と国民党に批判的な立場だった。日記には、国民党政府の暴力と腐敗についての記述、それを証言する在米中国人との交際が頻繁に記されている。新中国(中華人民共和国)は、国民党政府との闘争に勝利をおさめ、その前年一九四九年一〇月一日に建国されている。蔣介石の国民党の中華民国政府は台湾に移転した。名刺を交換した相手の肩書きが、蔣介石の元でのそれであったなら「偉そう」ではすまない辛辣な批評がこれに続いたに違いない。山口淑子に対しても、警戒心を強めたであろう。台湾なら台湾、香港なら香港と書きそうなものである。とすれば、大陸の新中国における「肩書」だろうか。そもそも、その名刺に記された肩書きと経歴の真偽を検証するすべもないのではあるが。

同年一二月一八日の記述はさらに意味深長である。「山口淑子より電話にて「クン・プー・シュンに逢いたい」と言う。何故かと思ったら「マロッコ・ポールは反共産の主題《シーム》をはじめにいれているので、これに出演するべきか否か迷っているから。彼女に逢って、意見を聞きたいのだ」と。「戦時中、軍部に使われた苦い経験があるから、今度はその過ちを再び繰り返してはならない」と。「うけいれるのはたやすく、楽々と明るい途が目の前に開けているのだが、それを一度とった自分は非常に後悔している」と」。

クン・プー・シュンについては、『石垣綾子日記』同年一一月二四日が「早朝、中国代表呉《ウー》以下八名来る。龔普生《クン・プー・シュン》君羊がアドヴァイザーなり」と記している。石垣綾子はクン・プー・シュンと一九四六年一月八日、パール・バック「東と西の会」から派遣されたモント・クレヤーのフォーラムで同席した。席上、東洋の平和、アメリカによる中国のデモクラシー援助が話題になっている。その夏、サラトガ・スプリングスの芸術家村「ヤド」で、左派の活動家でジャーナリスト・作家のカン・ヤン(楊漢)を訪ねたクンと再会し、ランチを共にした。「ヤド」には、石垣綾子の親友で、中国共産党を支援したことでも知られるジャーナリスト、アグネス・スメドレー(一八九二—一九五〇)も滞在していた。クン・プー・シュンは、「アレキサンダー(クリスチャン・ジェネラルの書記を十年間務めた)」と同行していたという。「クリスチャン・ジェネラル」とは、馮玉祥(一八八二—一九四八)のことで、馮は著名な軍閥の一人だったが、蔣介石政府のもとでは軍人として冷遇され、もっぱら抗日宣伝、文化工作にたずさわった。共産党との関係の改善を主張して、日中戦争中には聯共路線を唱え、第二次世界大戦後はアメリカに滞在して中国内戦回避を訴えた。「旅美中国和平民主聯盟」主席(一九四七年)、第一次国共合作の理念である「連ソ、容共、扶助工農」と「革命的三民主義」を綱領に掲げた中国国民党革命委員会(略称・民革)の中央政治委員会主席兼駐米代表(一九四八年)に就任して、蔣介石から除名されている。

当時クン・プー・シュンは国際連合に職を得ており、米国に永住権を得て国連事務局で働くことを希望した石垣綾子を「いろいろと心配してくれる」(『石垣綾子日記』一九四六年八月二九日)という関係でもあった。

一九五〇年の年末、イサム・ノグチとの仲が深まりつつあり、石垣綾子とも絵画展や食事の席で親しく交流した山口淑子は、クンがまだ国際連合加盟国ではなかった中華人民共和国代表のアドヴァイザーであることを、知っていただろう。そのクンに、淑子は会いたがったという。淑子のあげた理由は、石垣綾子を説得できたのだろうか。クンに会えば、ミュージカル『マルコ・ポーロ』出演の是非についての意見だけではなく、クンを通じて、中華人民共和国代表の情報を入手することができたかもしれない。そこまで具体的ではなくとも、引揚げ後の新中国の雰囲気を感じる糸口となったかもしれない。石垣綾子が、淑子とクンとの会見に、仲介の労をとったのかどうか、日記にはそれ以上書かれてはいない。淑子からの電話の翌日、一二月一九日、『石垣綾子日記』は、「中国代表 Wu (呉) 一行、アメリカを去る」と記している。

生前の山口淑子に取材しているドウス昌代『イサム・ノグチ』は、彼女がオーディションに合格して主演するはずだったブロードウェイ・ミュージカル『マルコ・ポーロ』の企画が頓挫した理由について「出演が決まった直後、中共軍が鴨緑江をこえて朝鮮戦線に出動したため、幻想的な中国を背景とする「マルコ・ポーロ」にプロデューサーが二の足をふんだ」と説明している。それに続いて「公演の見通し待ちとなった間に、淑子は尊敬するパール・バックに北京語でインタビューする機会を得た」(下巻、五三ページ)とあり、パール・バックの知遇を得、しかる後に、石垣綾子と出会ったという時系列で、話が組み立てられている。

そのとおりであれば『マルコ・ポーロ』は、この年、九月一九日以前に、企画がペンディングになったということになる。ただし、九月一九日にはまだ中国軍は鴨緑江を越えていない。

中国人民志願軍が鴨緑江をわたったのは一九五〇年一〇月一九日のことである。一週間足らずのあいだに三〇万もの中国兵が鴨緑江を越えた。一一月二四日の『石垣綾子日記』にも「中国代表UN着とほとんど時期を同じくして、朝鮮戦線は北朝鮮と中国の攻勢となり、マ将軍(引用者注・ダグラス・マッカーサーのこと)の戦争終結はまるつぶれとなる」とある。マッカーサーは情報戦に敗れて中国の戦略に乗ってしまった。G2(連合国軍最高司令官総司令部参謀第二部)のチャールズ・ウィロビー部長が、中国軍の大規模介入の情報を、実際より小さく見積もってマッカーサーに報告していたのである。

中国軍の朝鮮戦争参戦が『マルコ・ポーロ』の上演を困難にしたという理由説明が正しいとすれば、そのプロデューサーの判断は、『イサム・ノグチ』に記された時期より遅かったはずだ。が、いずれにしても、一二月一八日に、まだ企画が生きていて、山口淑子が出演すべきか否か迷っている段階であったのかどうか、これについては疑念が残る。つまり、クン・プー・シュンに会おうとしたその意図は、石垣綾子に電話で伝えたとおり、『マルコ・ポーロ』出演の是非について意見を求めることであったのかどうか。

石垣綾子は、新中国や国連の要人と山口淑子とのあいだをつないだのかその結果について、あきらかにしていない。

ともあれ、石垣綾子は、淑子とイサム・ノグチの恋のキューピッド役としてのつとめをはたした。一九五一年三月七日、一時帰国する山口淑子を見送りにラガーディア空港に向かった綾子の前に、淑子はイサムとともにあらわれた。

その年五月、追われるように、石垣夫妻は日本に向かう。鉄道で大陸を横断し、ロサンゼルスから出港する前に綾子は、出演をことわったときいていた『東は東』の撮影中であることを知り、淑子に架電する。淑子は「ヒジカタ」(引用者注・おそらく土方与志か)に会うことをすすめ「日本に帰ったら、しばらくは余りしゃべらないほうがいい。挙げ足を取るのがとても上手だから」と注意したという(『石垣綾子日記』五月三一日から六月一日)。

この時すでに、山口淑子はＦＢＩの監視下に置かれていた。イサム・ノグチとの関係はいうまでもなく、石垣夫妻との関係も把握されており、ホテルの電話は盗聴されていた。だが山口淑子はまだそのことを知らない。

一九五一年一二月一五日、明治神宮で淑子とイサムは結婚式を挙げた。その夕、白金台の料亭・般若苑で結婚披露宴が催された。般若苑は三島由紀夫「宴のあと」の舞台・雪後庵のモデルとなったと伝えられる、政財界人御用達、海外要人の接待にもしばしば用いられた料亭である。淑子の親代わりは川喜多長政、かしこ夫妻、イサムの親代わりは猪熊弦一郎夫妻、仲人役は梅原龍三郎夫妻だった。淑子の両親も、淑子とイサムを結びつけた石垣夫妻も招かれなかった。

第9章　赤狩りのアメリカと彼女

1　米国公文書館所蔵「山口淑子ファイル」から
――「ロシアン・クリスマス事件」

戦後七〇周年と相前後して、山口淑子は世を去った。新聞、雑誌に数多の追悼記事が出たが、管見のかぎり、ＧＨＱ占領期の山口淑子について言及したのは春名幹男「キャノン中佐との恐ろしいデート……山口淑子さん追悼」[注1]だけではなかったろうか。春名氏はそこで、「父親と中国情報当局との関係などを指摘されて、連合国軍総司令部（ＧＨＱ）防諜部隊（ＣＩＣ）の監視を受けていた」と述べ、米国がヴィザ発給を拒否したこと、すれ違いが続いて米国を本拠地に活躍する彫刻家イサム・ノグチと離婚したことなど、「疑り深い米情報機関のせいで翻弄された戦後の半生」であるとまとめている。春名氏は、約二〇年前に米国公文書館で山口淑子ファイルを入手し、約一五年前に山口氏に電話インタヴューしたと回想している。二〇〇〇年前後のことか。春名氏が『秘密のファイル――ＣＩＡの対日工作』（上下巻、共同通信社、二〇〇〇年）を書いたころのことかと推測される。

単行本版の山口淑子自伝『李香蘭 私の半生』(新潮社、一九八七年)は春名氏の『秘密のファイル』より前に上梓されており、その後に『「李香蘭」を生きて』(日本経済新聞社、二〇〇四年)が出版された。

『李香蘭 私の半生』は一九五三年一月、イサム・ノグチに同行して渡米しようとした際にヴィザ(入国査証)がおりなかったこと、一九五四年九月に渡米のヴィザを申請すると、すんなり通ったことを記している。

入国拒否の真相として「共産主義シンパとして国務省のペルソナ・ノン・グラタ(好ましからざる人物)にリストアップされていた」(文庫版『李香蘭 私の半生』四一四ページ)、思い当たるフシとしては、アメリカ総領事館に結婚届を提出したとき、「総領事に「アメリカ合衆国に忠誠を誓うか」とたずねられたのに対し、「ノー」と宣誓」したことと、「ハリウッドの俳優組合の幹部から運動資金のカンパを頼まれ、応じたこと」(同書、四一五ページ)を挙げている。

くわえて、アメリカからヴィザが降りない理由について、週刊誌などにあれこれ噂を立てられたと、そのいくつかを挙げ、抗弁してもいる。

——中国主要都市で声楽のレッスンと称してソ連人コミュニストと連絡をとり、とくに上海ではボルシェビキ・グループに所属していた。(マダム・ポドレソフやベラ・マゼル女史、リューバ一家とのつきあいのことか)

――引き揚げてきてからは狸穴《まみあな》のソ連大使館とつうじていた。東京裁判のソ連代表判事やソ連大使館文化担当官とも深い関係にあった。（トルストイ原作モスクワ芸術座版脚本『復活』の主役を演じた際、ソ連大使館員が楽屋に花束を届けにきたことだけは事実である）

――中国共産党から密命をおびて帰国し、東京で蔣介石国民党派の要人に近づき、情報活動を行なった。（終戦直後、上海で中国東北地方の共産勢力地域に逃亡することを誘われたことはある。また中国東北地域でスパイ活動するよう依頼されたこともあるが、いずれもことわった。東京における国民党政府要人というのはミズーリ号艦上で降伏文書に中国代表として署名した某将軍のことだろう。将軍はファンとして私との交際を望んだが、おことわりした。夫人が嫉妬して蔣介石総統夫人・宋美齢《そうびれい》に讒訴《ざんそ》し、将軍は召還されたと聞いた）

――ニューヨークではアメリカ共産党に入党し、ハリウッドに移ってからもシンパ活動を行なった。（ニューヨークでお世話になった石垣栄太郎・綾子夫妻は、ゾルゲ事件で逮捕された宮城与徳氏らとプロレタリア美術家グループを結成して反戦活動を行なっていたが、戦後は運動から身を引き、日本に帰国してからもいかなる政党、団体にも所属していない）

アメリカCIAスパイ説もあった。私が〝悪名高い〟キャノン機関と深く関係していたという噂である。（文庫版『李香蘭　私の半生』四一六―四一七ページ）

単行本版、文庫版ともに異同はない。

山口淑子『「李香蘭」を生きて』の初出は日本経済新聞連載の「私の履歴書」である。こちらには次のくだりがある。

思った通り私は共産主義シンパのリストに載っていた。(中略)終戦直後、GHQ(連合軍総司令部)の対敵諜報部隊CICが作ったファイルに「山口は戦時中、中国でスパイ教育を受けた」などという根も葉もない一文が修正されずに残っていたのだ。(一五八ページ)

彼女は米国が作成したファイルの存在を知り、チェックしていた。外交官の妻であり、自身参議院議員の経験もある彼女にとって、米国公文書館が公開する資料にアクセスすることは困難ではなかったろう。ヴィザが発給されなかった理由を理解し、ファイル作成の背後にキャノン機関を率いたジャック・キャノン中佐が介在するという推論を記している。

右でCIC(Counter Intelligence Corps 対敵諜報部隊)が作ったファイルと称されているのは、現在米国公文書館に所蔵されているIRR(Investigative Records Repository)ファイルと呼ばれる個人ファイル中の山口淑子関連資料である。IRR Personal Name ファイルは、米陸軍参謀本部諜報課捜査記録庫文書すなわちG2(陸軍参謀本部)の陸軍情報部(Military Intelligence Service 略称MIS)指揮下にあったCICによる要注意人物監視記録の機密解除ファイルである。CICが現地で収集したものを、ワシントンの国防省(ペンタゴン)でファイルした。山口淑子ファイルにはCIC作成資料にFBI作成の資料、CIA作成資料もついており、かなり大部のものになっている。

山口淑子ファイルでもっとも古い事案は「ロシアン・クリスマス事件」と名づけられた一九四七年一月から二月にかけての調査である。

これより先、山口淑子は一九四六年四月一日に雲仙丸で九州・博多港に上陸した際に、CICの聞き取り調査を受けているはずだが、その記録はまだみいだされていない。

上陸時に彼女は、李香蘭の芸名を捨てて山口淑子に戻ること、映画を引退することを宣言した。川喜多のすすめで鎌倉在住のイタリア歌曲のベルトラメリ能子(一九〇三―一九七三)、ついで目白在住のドイツ歌曲のネトケ＝レーヴェ(一八八九―一九七一)のレッスンを受けた。

一九四六年一〇月、第一回芸術祭参加の帝劇音楽会において、安川加寿子ピアノ独奏会(一〇月五日)、諏訪根自子ヴァイオリン独奏会(一〇月八日、九日)、井口基成ピアノ独奏会(一〇月一〇日)とならんで、山口淑子独唱会(一〇月六日、七日)がひらかれた。『帝劇』一二号(一九四六年九月二〇日)には、中国歌曲「忘憂草」「教我如何不想他」、日本歌曲「初恋――三浦環先生に捧ぐ」「ゆめ」「六騎」「からたちの花」、歌曲「麗しきアマリリ」(カッチーニ作曲)「誓ひ」(ロッシーニ作曲)「鶯(ロシア民謡)」(アラビエフ作曲)、プッチーニの歌劇『トスカ』より「歌に生き恋に生き」、『ラ・ボエーム』より「私の名はミミ」、『蝶々夫人』より「ある晴れた日に」というプログラムが掲載されている。

クラシック批評界の反応は辛辣だった。たとえば「東宝芸能祭なら兎も角、文部省提唱の芸術祭に一流音楽家に伍して臆面もなく出演した結果は、厳正に批判さるべき」(野呂信次郎「山口淑子独唱会」『ミュージック』一九四六年一二月)といった調子で、彼女によってクラシックのテリトリーを侵犯された苛立ちすらうかがわれる。

しかしながら戦後占領期に声楽によって身を立てようとした彼女の選択には、彼女なりの必然性があり、内的な連続性があった。彼女の芸歴は奉天放送局の歌手としてはじまり、かずかずの映画で美声を聴かせ、日劇七まわり半のリサイタル、敗戦を目前にした一九四五年五月には、上海随一の大劇場である大光明大戯院にて中日合作音楽会「夜来香幻想曲」リサイタルを成功させている。戦禍とイデオロギー対立によって分断された複数の中国、複数のロシア、そして日本の外地と内地、植民地や租界の境界を、彼女は映画と音楽によって越えてきたのである。

しかしながら残念なことに、満洲国の放送局の歌手としての成功も、上海のリサイタルの成功も、海の彼方のことだった。すぐれた音楽映画『私の鶯』も国内で公開されてはいなかった。GHQ占領下の日本人観客は、山口淑子のロシア歌曲の実力を知る由もなかった。声楽家として、また舞台人としての彼女の力量は、過小評価されていた。

公文書に話題を戻すと、「ロシアン・クリスマス事件」は、かんばしい評価をえることのできなかったリサイタルの後のことだった。

一九四七年はじめにソ連大使館文化担当官が開いたクリスマス・パーティー(ロシア正教はユリウ

ス暦でクリスマスを祝うため二週間ほどのずれがある）に山口淑子が出席したとし、調査と本人への聞き取りがなされたという報告である。ＣＩＣ作成の書類だが、本人が一人称で語って署名したという形式ではなく、「彼女は語った」「彼女は答えた」という伝聞内容の体裁である。「尋問」というほどきびしいものではないにしても、情報部が彼女に接触して質問していて、これに対する彼女の答えが記録されている。それによれば、山口淑子はたくさんのロシア人の友人がいることを認めている。なぜなら彼女が育った奉天には多くのロシア人が在住していたからである。彼女が具体的に名前を挙げたのは、ボエボジン（Effim F. Voevodin）一人である。彼を知っているので私的なパーティーに出て歌っただけだと語っている。ボエボジンは一九三九年から四〇年にかけて彼女がはじめて来日した折に知り合ったロシア人であり、ソビエトの外交官かどうか知らない、と答えたという証言も残されている。あわせてソ連共産党との関係を示す証拠はないと記録されている。もしかしたら彼女自身は、米軍の情報将校との会話において、尋問されているという認識がないまま、この件について語ったのかもしれない。

いずれにしても、彼女が東京芸術劇場、新協劇団、文化座合同公演の『復活』でカチューシャを演じるのはその年の六月であり、「ロシアン・クリスマス事件」は自伝に記された「ソ連大使館員が楽屋に花束を届け」にくるより以前の出来事だった。

パーティーに招かれ、歌うことは、社交界の花形にとって日常にすぎない。それがＣＩＣエージェントの疑念を払拭するに足る答えだったのかはわからない。

帝劇は一九四七年四月公演『ケンタッキー・ホーム』に淑子を起用するが、リサイタルから舞台公演までほぼ半年のあいだが空いている。引揚者の彼女が生活を支えていくことは、そうたやすいことではなかっただろう。彼女はオペレッタあるいはミュージカルの舞台に活路をみいだそうと奮闘するものの、当時の日本では音楽劇というジャンル自体確立しているといいがたかった。やがて新劇に転じ、『復活』に続いて民衆芸術劇場（現・劇団民藝）に参加、四八年一月『破戒』（村山知義演出、有楽座）の舞台に立つ。そこで彼女に「庭の千草」を歌わせるという演出が、新劇の批評家には歓迎されなかった。「庭の千草」は彼女の持ち歌のひとつで、上海の「夜来香幻想曲」リサイタルでも歌われた記録がある。歌そのものは悪くはないがドラマの文脈にそぐわないと評された。彼女の模索の日々は続いた。当時のインタヴューで「世界中へ歌の勉強にゆきたいの、フランス、イタリー、ハワイ、ソ聯」（「愛情の世界を求める歌姫」『春』一九四八年七月）と語ったこともある。

一方、「ロシアン・クリスマス」とは別に、やはりこのころ、ソ連大使館（占領期の呼称はソビエト代表部）付近で誰何された山口淑子が、自分は最近引揚げてきたばかりなので東京の地理には暗い、大使館がどこにあるかも知らないと無邪気に答えたという記録もファイルにある。

中国大陸で生まれ育った彼女がはじめて来日したのは、一九三八年一〇月、日満親善女優使節としてである。東京の高島屋で開催された満洲資源博覧会や日劇での関連イヴェントに出席した。旧ソ連邦と日本および旧満洲国とのあいだは、一九三八年七月張鼓峰事件における武力衝突、翌年五月ノモンハン事件など、緊張が高まっていた時期である。この時期からGHQ占領期にかけて継続して日本に出入りしていたロシア人と、どのような接点がありえたのか。山口淑子ファイル中、一九五三年一〇月二三日付の文書では、一九四七年の「ロシアン・クリスマス事件」について、ボエボジンはソビエトのエージェントであるが、彼の山口淑子に対する関心はロマンティックなものに過ぎなかった、ソ連大使館にパーティーで歌うために行っただけ、と彼女自身が証言したことになっている。

そういえば、一九四一年二月に来日中の彼女を護衛し、日劇七まわり半の狂騒から救い出してくれ、「私の青春の人」(『李香蘭　私の半生』二二五ページ)と形容された東宝社員の児玉英水氏は、ノモンハン事件の生き残りだったという。東京での彼女と付き人の住まいは乃木坂の帝国アパートで、児玉氏はそこにもしばしば遊びにきた。彼が報道班員としてマニラに出立する前夜、二人は別れがたく、送り、送られて、帝国アパートと児玉氏のアパートのあいだを往復したという。「児玉さんは狸穴《まみあな》のソ連大使館近くのアパートにすんでいた」(同書、二二二ページ)。文脈に照らして、彼女はこのときすでにソ連大使館の場所を知っていたと読めるが、どうだろう。

2　父と中国

先に引用した春名幹男氏の追悼文中の「父親と中国情報当局との関係」にあたる米国公文書館所蔵の文書は、彼女の父・山口文雄の隠された顔について考えさせるものである。

彼女の自伝の語りを通じて、父親像は、おおらかな親中派、中国語と中国の民情に通じた大アジア主義者、当時よくいた大陸浪人タイプという印象を与えられている。しかしながら、これまでにみてきたように、山口文雄は、北京留学以来、中国の政治家、軍人、そして日本の情報将校らと緊密な結びつきを持っていた。心情的な親中派とか、中国人と友情で結ばれたとかいうだけでは納得しがたい。満鉄の地方支所の一職員、一介の中国語講師によくあることとはとうてい信じがたい大物たちとのつきあいがあった。満洲国建国、華北分離工作の鍵を握る中国要人と緊密な関係を築き、媒介者としてふるまった人物である。美しい長女を、中国語と中国事情に通じた娘として育てるにとどまらず、映画女優・李香蘭誕生以前に、中国人になりきる生活を強い、戦時下の情報戦の拠点のひとつに娘を送りこんだ父親は何者だったのか。

戦前戦中戦後の中国の変容、日中関係とそれを囲繞する国際関係の力学の変容にのぞんで、山口文雄にどのような変化が生じたのか、あるいは持続していたのか。彼女は、イサム・ノグチとの結婚後、父と義絶し、両親も離婚したと自伝に語っている。義絶の直後には、彼女の幼少のころから一貫して横暴で封建的な父親であったとメディアに語ったこともある。が、彼がたんに誇大妄想と大言壮語を弄する一介の中国語講師にすぎないとしたら、錯綜する国際関係に身を置く、したたかな中国の軍人や政治家が彼の娘を養女として私宅に起居させることはなかっただろう。危険すぎる。戦時の謀略のただなかにある中国の要人を信用させる何かが、彼にはあったはずだ。

『李香蘭　私の半生』では、彼女自身だけではなく父の人生についても、戦中戦後の断絶を強調し、戦後の父親は一攫千金を夢見ては借金を重ね家族に迷惑をかけた、父の借金を彼女が返済しなければならなかったと、語られている。父と母の離婚、父と子どもたちとの義絶の理由には金銭問題にくわえて女性問題もほのめかされている。しかしながら大アジアの夢にやぶれた父親が、戦後一転して金儲けだけに集中するようになったという図式ではすくいとることのできない側面もある。

家族ぐるみの親しいつきあいを戦中戦後と続けていた田村泰次郎は、北京時代の山口文雄が、酒席で次のような気炎を上げたことを記憶している。「この前も淑子と話したのですがね、中国との和平のためなら、私は淑子と一緒に、重慶へでも出かけますよ」(「〝当分は音楽専門に〟──李香蘭の心境を訊く」『スタイル』一九四六年八月)。すくなくとも日中戦争下の父と娘は、ともに政治工作に身をささげることを厭わないという情熱をいだいていた。父が重慶とのパイプをどのようなものと思い描いていたのか、それはどの程度まで具体的なものだったのかは、つまびらかではない。

ＣＩＣファイルのなかには山口文雄について、戦時の中国大陸の情報機関において相当に重要な地位にあったとの推測を記したものがある。満洲建国と華北分離工作を主導した奉天の関東軍特務機関長の土肥原賢二と山口文雄との関係についての疑いも、ファイルは指摘している。たしかに彼の人脈は、親中とか親日とか、国際的な友情とかいう枠組みだけでは説明のつかないところがある。父のもとに特務機関の青年たちが出入りしていたこと、川島芳子に娘を紹介したのが父であることなども『李香蘭　私の半生』に記されている。

日本の敗戦後、彼女が九死に一生を得て中国を脱出したにもかかわらず、危険の多い北京の地に、両親そして弟妹はその後二年余の歳月とどまっていた。一九四七年のＣＩＣファイルは、山口淑子が語ったこととして、父・文雄からの私信に、中国の生活が長いのでそこにとどまりたいと書かれていると報告している。

敗戦で日本の情報戦の特務機関が解消されたのちにも、なんらかの執着が山口文雄を中国の地にとどまらせていた。『「李香蘭」を生きて』には、一九四八年三月川島芳子が北京で銃殺刑に処せられた後「日本人関係者の手で葬儀が営まれ、北京に残っていた私の二人の妹も参列した」(一二二ページ)と記されている。川島芳子の養父・川島浪速が、山口文雄が留学した北京同学会の運営に関与していたことは先に述べた。淑子の妹たちが川島芳子の葬儀に参列する、それほど家族ぐるみの深い関係だったのである。一家の引揚げは一九四八年九月ごろと推測される。

家族の引揚げ後、山口淑子は、自伝によれば東宝から借金をして杉並区阿佐ヶ谷に居を構えた。ＣＩＣファイルは、一九五〇年の淑子の米国への出国、翌年の一時帰国、五三年のヴィザ発給拒絶など、ことあるごとに父の動向についても言及している。いずれの文書にも、父親がどこに住んでいるのか不明であるとされる。あるものには、九州地方にいるか、あるいは大阪近辺にいるか、淑子の妹・清子と行動を共にしているかといった推測が記されているが、確証は示されない。ファイルには、一九五〇年、渡米時に提出した申請書類もおさめられているが、自筆署名入りの履歴書の記載によれば、日本での身元引受人は父親ではなく、母親のアイコとなっている。

占領期における山口文雄と中国との関係に言及するのは「Far East Liberation League」すなわち

極東解放連盟なるトピックにまとめられた一連の情報である。一九五一年五月にCICが受け取った情報とされている。例の、彼女が特務機関の特別な訓練を受けたのちに女優になった云々のくだりがあるのは、この文書である。それに先立ち一九五一年一月二二日付文書は、彼女が中国でインテリジェンスの訓練を受けていた疑惑があるという情報の精度について、C-3(FAIRLY RELIABLE, POSSIBLY TRUE)とランク付けしている。彼女に関する情報の精度はおおむねそのレベルで、伝聞情報や噂の類がすくなくない。そこには、山口文雄が土肥原賢二と親密な関係にあり、甘粕正彦理事長の満洲映画協会に娘を送りこみ、満洲国高官の情報をそこから集めていたとも指摘されている。そして山口文雄の戦後については、極東解放連盟から派遣された北朝鮮出身の李沢民の起業を助け、李が大森に購入した家に一時居住していたとする。その組織は、CICによって、日本在住の中国人、朝鮮人を成員とするコミンフォルムの情報機関と位置付けられており、山口文雄と淑子の妹・清子がその関係者と接触していると記されている。父親に関してその思想的背景は不明、妹は日本共産党員ではないかという。父の動向は経済的な関心からなのか、イデオロギー上の共感か、なんらかの情報のやりとりがかかわるのか、分析しつくされていない。

これとは別に「CHEN RING」と題された一連の情報があり、佐賀県出身、東亜同文書院卒、三井物産上海支店を経て東亜同文書院教授となり日本軍情報機関に協力したとされる山口淑子の伯父(あるいは叔父)にあたる人物としてKageyama Tsuyoshi(影山巍か)の占領期の動向が報告されている。影山巍については、先に述べたが、このファイルによれば彼は、一九四五年一一月COCJ(the

Cultural Operation Committee 対日文化工作委員会）のために戦時下における日本軍の残虐行為のレポートを作成したことになっている。その情報は、戦争犯罪の告発に役立てられた。帰国後一九五〇年日本共産党神奈川支部の非公然メンバーとなり、Iwai Eiichi（岩井機関の岩井英一か、反コミュニズムの『共産情報』刊行とのこと）に情報を提供、一方でChen Kuang-hanにも情報を提供していた。一九五一年一二月Chen（「陳」の表記も）の求めに応じ、影山とその家族は福岡に転居し、九州大学に職を得るまでChenの援助のもと調査を行っていたと報告されている。コミンフォルム、中国共産党、日本共産党の路線の齟齬があるところではインテリジェンスの価値も高まる。ただし、影山巍は前述のように、山口淑子と血縁関係にはない。

ＣＩＣの調査には疎漏が多い。疑わしい要素をすべて、新中国とコミンフォルムとに結びつけようとして、曲解があり、無理がある。早稲田大学名誉教授の加藤哲郎氏の教示によれば、一九五〇年代のアメリカの情報機関は躍起になってコミンフォルムの極東組織なるものを捜索していたが、そもそもそのようなものは赤狩りの狂熱が描きだした幻影のようなものであり、実在した証拠はないというのが実態であるという。

その一方で、たとえば、父・山口文雄の人脈を考慮するうえで、また山口淑子の生育歴を考えるうえできわめて重要な、彼女の義父たち、李際春、潘毓桂に関しては、大物漢奸であったにもかかわらず、どの資料も正確な姓名すら把握してはいない。日中戦争下の情報戦における、実父と養父たちとの具体的な役割について調査した形跡はない。総じて戦時下の中国における山口父娘の動向については、プロパガンダとインテリジェンスの工作のなかにいたこと、有力者と親密であったことを指摘するにとどまっている。

山口淑子ファイルには、ＣＩＣ作成資料と、ＦＢＩ作成資料がともにおさめられている。ＦＢＩ(Federal Bureau of Investigation　連邦捜査局)は、一九五〇年の彼女の最初の渡米後の動向、とりわけ一九五一年に結婚する彫刻家イサム・ノグチおよび彼の人脈について、米国内で追跡している。

一九五二年五月のＦＢＩの書類には、「信頼すべき情報によれば、山口淑子は、大陸で中国共産党が勝利を収めた折に共産党政府側に在日中国大使館をあけわたそうとした人物の愛人であった」といったくだりもあるが、新中国と彼女との直接の関係についての調査は綿密なものとはいいがたい。

夫となったイサム・ノグチは自由人であり、左翼思想に近づいたこともある。その父・野口米次郎が戦時下に国粋主義的言辞をあらわしたために、敵国の国粋主義者の息子で、スパイであると疑われてＦＢＩから国外退去通告を出されたこともある。彼女とイサムとのあいだを橋渡しした石垣栄太郎・綾子夫妻は、より確信的な左翼であり、綾子は戦時下にＯＳＳ(戦略諜報局)で反戦プロパガンダの伝単(日本兵の戦意喪失のために配布された宣伝謀略のための印刷物、ビラなど)作成にたずさわったにもかかわらず、冷戦期には一転して国外退去の憂き目にあってもいる。レッドパージ(赤狩り)の告発は、左翼の政治活動にたずさわった者だけではなく、リベラリストにも及んだ。共産党政権との距離がどうであれ、いわゆる親中派は疑惑の対象とされた。山口淑子が近づきになったチャップリンは追放された。ユル・ブリンナーやパール・バックも安泰ではなかった。山口淑子がぜひ会いたいと公言し、実際に面会もした元ファーストレディのエレノア・ルーズヴェルトは、マッカーシー議員と下院非米活動委員会に批判的なことで知られていた。

イサム・ノグチと親密な関係になって以降、彼女の滞在先のホテルからの電話発信についてのメモもファイルされ、通話相手の身元も調査された。FBIに盗聴されていたのである。

自伝『李香蘭 私の半生』によれば、米国入国ヴィザは、一九五三年一月から一九五四年九月まで、数次の申請にもかかわらず発行を拒絶されていた。その間、CIC作成のファイルはヴィザ発給却下の根拠として用いられたのであろう、複写され、関係部署に配布されている。

たとえば一九五三年一〇月二三日付の文書では、一九四七年の「ロシアン・クリスマス事件」について前述のように、ボエボジンはソビエトのエージェントであるが、彼の山口淑子に対する関心はロマンティックなものに過ぎなかった、ソ連大使館にパーティーで歌うために行っただけと彼女自身が証言したことになっている。また、この文書中では、一九五〇年のレポートにおいて、妹の一人が日本共産党の党員ではないかと問われた山口淑子が、妹は若いころ熱心な仏教徒だったし、また以前には熱狂的なクリスチャンだったこともあり、それと同じような熱の上げ方をしているだけではないか、と応じたと伝えている。一九四七年の「ロシアン・クリスマス事件」、一九五〇年の米国への出発以前、一九五三年のヴィザ申請却下にかかわる再申請時と、すくなくとも三度は、なんらかの形で直接間接に山口淑子に聞き取りがなされたことがわかる。

ＣＩＣの関心は、もっぱら、彼女のイデオロギーとインテリジェンスにあったため、彼女の交友関係について、白系ロシア人かソビエトのロシア人か、国民党の中国人か共産党の中国人か、という枠組みで問題をとらえようとしていた。一九四八年に引揚げた一家をかかえて東京杉並区阿佐ヶ谷に居を構えてから一九五〇年の米国進出までのあいだに、近隣で聞き込みをしたエージェントの報告によれば、阿佐ヶ谷の家にはしょっちゅう中国人および他の占領国の客人が訪れていたという。彼らとの関係を問うても、本人からは、お友だち、時には、彼女に対してロマンティックな関心をもっている男性という以上のことを引き出せなかったようだ。

一九四五年以前の彼女は、満洲国か日本か、あるいは中国か日本か、その中国も満洲国なのか上海租界なのか、あるいは国民党の中国なのか、どれかひとつを選ぶことのできない関係のなかに置かれ、むしろ関係性の折り重なるなかで、媒介者として、政治家や軍人やインテリジェンス関係者たちの娘であり女友だちであり恋人であり、女優であった。情愛と仕事と知的な刺激とが切り離されることなく、重なり合うところもあった。

一方的に翻弄され、利用されただけではなく、意図的にか無自覚にかその関係を利用して生きたところもあろう。戦中から占領期にかけて、情報戦の担い手たちと深くかかわり、多くのことを知りうる位置にあったが、特定の勢力の意を受けその指示にしたがって情報をやりとりするという意味でのエージェントでは、おそらく彼女はなかった。つきあう相手の選択、情報の管理、尋問への対応、リスクの分散、いずれの手腕も見事である。エージェントとしてのシステマティックな訓練を受けたというにはあたらないだろうが、一四歳で奉天から北京まで外国人や上流階級専用の軟席車ではなく、中国人でないとわかれば身があやうい硬席車で旅をし、満洲国と中華民国との国境を越え、潘毓桂の養女・潘淑華として女学校に通い、要人をもてなす日常そのものが、彼女を鍛えることになった。しかしながら、むしろエージェントとしての自覚や自意識がないことが、彼女の身を守ったともいえる。その環境に彼女を送りこんだ父親の影響は深甚であり、生い立ちにおいて彼女は父親の意を体する「父の娘」であったが、彼からの自立は義絶という過剰なまでにはげしいふるまいによらねばなしとげられなかった。

3 キャノン機関

一九五八年、山口淑子は外交官・大鷹弘(一九二八—二〇〇一)と再婚し、一九六九年にフジテレビ「3時のあなた」の司会者となるまで、しばらく一線を退く。ところが山口淑子ファイルがもっとも厚みを増すのは、一九六七年暮から翌六八年初めまでのあいだにMIS(Military Intelligence Service 米国陸軍情報部)が作成した聞き取り資料においてである。

ピーター・ドラガリン(Peter Draglin、Draglin の表記も)に関する調書に山口淑子情報が登場し、彼女に関連するコピーが山口淑子ファイルに集められる。

米国公文書館がデジタル公開している軍隊関係者のデータベースを参照すると、ピーター・ドラガリンは一九一八年生まれ、コネティカット州ニューヘヴン出身、ハイスクールで四年間の教育を受けた後、一九四四年七月に入営している。Ｊ２（米国統合参謀本部第二部、情報部門）所属の司令官としてヴェトナム共和国（南ヴェトナム）駐在中の一九七〇年四月二五日に、ブロンズ・スター・メダルを授与された。

ドラガリンと山口淑子との関係について複数の情報機関関係者に聴取が行われた。ただし、ドラガリンがなにゆえこの時期に調査の対象になったのか、詳細はあきらかではない。現在もなお黒塗り等で伏せられ、公表されていない箇所がある。

ドウス昌代『イサム・ノグチ』は、「対敵諜報機関関連の米将校たちは、淑子の過去を詮索しただけではない。元「中国女優」に個人的に接近する者がいた。日本でひそかに特殊工作活動を展開したキャノン機関の中心人物ジャック・キャノン少佐もそのひとりで、副官ピーター・Ｄ大尉と、淑子をめぐる恋のさや当てをくりひろげた。同副官が十年後に大佐昇進の時期をむかえたとき、この「スキャンダル」が「人格問題」として浮上、米陸軍は詳細な再調査を行っている」（下巻、一三七―一三八ページ）と記している。

「ピーター・Ｄ大尉」とは、つまり、ピーター・ドラガリンのことである。ＭＩＳの調査に先立ち、山口淑子ファイルに、おそらくピーター・ドラガリンの誤表記であるピーター・ドラゴリン（Peter Dragolin 原文ママ）の名が最初に出てくるのは、一九五三年一〇月二三日付のフランス、パリのアメリカ大使館発の文書である。日本で申請しておりなかった米国への入国査証について、パリの大使館から発行してもらうよう山口淑子とイサム・ノグチがはたらきかけた際の調査資料である。

そこに、「夫妻への聞き取りの過程で、CICの将校として戦後日本に駐在したピーター・ドラゴリン大尉であれば、山口淑子のヴィザ却下の事由が誤りであることを知っているはずだと夫妻が言及している。この証言のために、ドラゴリン大尉と適切なルートを通じて接触することを望むかもしれない」(訳は引用者)と記されている。接触があったかどうかはわからない。またすでに言及したとおり、パリから申請してもヴィザは結局おりなかった。

それから十数年の後、MISは、一九六七年暮から一九六八年初頭にかけて、ドラガリンと山口淑子について調査している。あくまでドラガリンについての調査が主であり、山口淑子との関係はそれに付随して言及されたものだ。報告によれば、ドラガリンは、占領期から占領終了後、冷戦期にかけて日本に長く駐在した情報将校だった。複数の調書をつきあわせると、ロシア語とロシア事情に通じ、対ソビエトの対敵諜報を任務としたことがわかる。

日本駐在中に、本郷ハウスに住んだ時期があり、キャノン機関のジャック・キャノン、アーネスト・リスナーがその上司であったという証言がある。一方で、じっさいキャノン機関に所属していたと宣誓したマサシ・フクモト(筆者注、彼の名前は延禎『キャノン機関からの証言』番町書房、昭和四八年、七二ページにも、一九四九年一〇月のキャノン機関の陣容の一人「マサシ・福本准尉」として記録されている)は、ドラガリンがキャノン機関の一員だったとは考えられないと、噂を否定している。他に、ホノルル在住のジョージ・S・イシダ名の証人が、自分は、一九四六年から一九五〇年まで横浜でキャノンの特殊な任務にかかわっており、一九四七年から四八年にかけて、山口淑子が中国の貿易商、外交官、米軍関係者と浮名を流していたことは知っているが、ドラガリンについては知らないと証言している。ピーター・ドラガリンが、ジャック・キャノンの副官だったというのはあたらないだろう。

ＣＩＣでドラガリンと同僚であったウィリアム・チェルニーは、一九四七年の後半に、横浜の軍のクラブでリスナーの客としてあらわれた山口淑子を見たと証言する。チェルニーは、特殊機関のメンバーではリスナーが最初に山口淑子に接触した、当初は中国共産党との関係を疑っていたと考えたという。疑いは晴れて、キャノンとドラガリンが山口を争い、ドラガリンと山口が私的につきあうようになった。一九四九年か一九五〇年に、ドラガリンが韓国に異動させられたのはキャノンとの個人的な衝突によるのではないかと推測している。

ＣＩＣに一六年在籍し、一九五六年から一九五八年にかけてドラガリンとともにソ連の諜報活動に対抗する活動に従事していたというウィルフレッド・Ｊ・某は、彼から直接、一九四七年から一九四八年にかけての山口淑子との関係について聞かされた。ただしウィルフレッドが知る限り、彼はふたたび彼女に逢おうとはしなかった。

ＭＩＳの調査から、ＣＩＣの対ソ情報を専門とする将校と山口淑子とのロマンスの一端がかいまみえる。キャノン機関の代表者として、占領期のいくつかの謀略事件の黒幕とみなされているジャック・キャノンの彼女への横恋慕もうかがわれる。キャノン機関についての公的資料がほとんど残されていないといわれるなか、退役した複数の関係者がその一員であったと証言しているのも貴重である。

　しかしながら、先に述べたように未だ伏せられている箇所があり、そもそも諜報部がなぜこの時期に、この将校と山口淑子との関係の聞き取りを行ったのか、動機、目的が判然としない。占領期におけるＣＩＣ関係者と日本女性との関係それ自体が問題化されたのか。たしかに占領期においては、これまでに述べたように、占領軍関係者と占領された日本人との性的関係は、合意のものであれ、なんであれ、ＣＣＤ検閲においては「fraternization」として処分の対象だった。米軍にとって日本人はたんなる外国人ではなく敵国人、厳密には占領期とは日本人が敵国人の概念から外国人の概念へと再編された時期であり、国際結婚も禁止から許可制へと変容する時期である。ＣＩＣ等情報関係の軍人と日本人との結婚は、占領期には困難だった。

　聞き取りのなかに、ドラガリンが彼女を通じてなんらかの情報を得ていたのか、または彼女はドラガリンからなんらかの情報を引き出そうとしたのかといった問いもある。それにしても、なぜ二〇年も前に終わったロマンスについて調査が行われたのか。文書のなかにはドラガリンは信頼すべき人物であるという証言があり、また当時彼は独身だったのだから私的な関係について不道徳とはいえない、情報のやりとりとは関係のない交際だったと擁護する証言もある。

　ジャック・Ｙ・キャノンについて、『李香蘭　私の半生』は、次のように語っている。終戦後、間借りしていた鎌倉の川喜多家所有の西洋館はアメリカ軍に接収されて、米海軍の将校一家が住んでいた。それがきっかけでＧＨＱ（占領軍総司令部）の若い情報将校たちが川喜多家を訪れるようになった。ハーバード大学やコロンビア大学出身の国務省のエリート官僚で、「ＧＨＱのウィロビー代将のひきいるＧ２（情報局）や、ソープ代将ひきいるＣＩＳ（対敵情報部）に所属していたらしい」。若い情報将校たちが彼らのボスのジャック・キャノンという中佐をつれてきたことがある。「私を助手席に、部下たちを後ろの座席に乗せ」キャノンの運転で鎌倉までドライブをした。情報将校たちとは、彼らが占領軍に接収された川喜多長政邸を訪れるようになったことで知り合い、「帝劇でアメリカの芝居やミュージカルに出演することになったとき、アメリカ人の生活習慣や考えかたについて教えてもらったりした」。キャノンは運転しながら銃をかまえ、小鳥やリスを見つけては発砲するという乱暴な運転で、命の縮む思いがした。「二度目に会ったのは、東京・本郷の湯島天神の近くにある「本郷ハウス」と呼ばれる豪壮な邸宅で開かれたパーティーの席上」で、「鎌倉に遊びにきていた若い将校グループの招きでこのとき一度だけ出席したのだが、キャノン氏のパーティーと知って、早々に退散した」（以上、四一七―四一八ページ）という。

つまり、若い情報将校たちと同乗してのドライブがキャノンとの最初の出会い、やはり若い将校グループの招きで出席した「本郷ハウス」のパーティーが二度目の出会いで、都合二回しかキャノンには会っていないということになる。彼が「キャノン機関」のキャノン氏であることを知ったのは後になってのこと、「本郷ハウス」が「キャノン機関」の本部として使われて、様々な謀略事件の舞台になったというのも後で知ったこと、と主張している。

川喜多家所有の西洋館云々の件は、山口淑子ファイルには出てこない。山口淑子ファイルで占領初期に川喜多長政が登場するのは、山口が「マネージャーの川喜多長政」と連れ立って一週間に一度くらいの頻度でクラブにあらわれるという情報である。

占領軍の情報将校の経歴に関する情報がたやすく入手できたとは考えられない。たとえばドラガリンについての元同僚たちの聞き取りでは、誰一人ドラガリンの出身校について知っているものはなかった。少なくとも「ハーバード大学やコロンビア大学出身の国務省のエリート官僚」ではなかった。

ジャック・キャノンとの出会いはドラガリン調書から推し量ると、横浜のクラブで開かれたパーティーではないかと考えられる。キャノンの盟友であるアーネスト・リスナーが一九四七年一月の「ロシアン・クリスマス」パーティーに出席した山口淑子に対するソビエトの影響を疑って接触したが、その後、リスナー夫妻と山口は親しく交際し、パーティーにもリスナーが招いた。リスナーは一九四九年から一九五〇年ごろ、本国への不正送金およびソビエト・エージェントの疑いで解雇され、その後は民間のビジネスマンとして東京にとどまったらしい。

キャノン機関との関係についての言説は、『「李香蘭」を生きて』で以下のように方向を転じている。

ある中佐の部下は私をパーティーに誘ってくれたり、自宅で奥さんの手料理をふるまってくれたりと、とても親切だった。しかしいまになって考えてみると、彼らが私に近づいてきたの

は、情報収集が目的だったに違いない。(一六〇ページ)

「パーティーに誘ってくれたり、自宅で奥さんの手料理をふるまってくれたり」親切だったジャック・キャノン中佐の部下に該当するのがアーネスト・リスナーではないか。山口淑子ファイルの報告によれば当初リスナーだけではなく、ドラガリンも「情報収集が目的」であるか、なんらかの「情報源」にしようとした、あるいは実際その情報を活用していたという噂もあったが、真偽のほどはわからないとされている。

キャノン機関の存在が明るみに出たのは、小説家の鹿地亘(一九〇三―一九八二)が一九五一年一一月二五日から一年余りも拉致監禁され、アメリカの諜報活動への協力を強要されたという事件がきっかけである。鹿地亘は、東京帝国大学に学び、戦前プロレタリア文学運動に従事したが、一九三四年に治安維持法違反で検挙され、獄中で転向したのち大陸に渡った。中国では蔣介石の国民党政府の根拠地である重慶で日本人捕虜らを組織して反戦活動を行っていた。この時点で、米国のOSS(Office of Strategic Services 戦略諜報局)が接触している。引揚げ後は民主主義文学運動に参加し、拉致事件当時は肺結核療養中だった。鹿地は藤沢市鵠沼の自宅近くで襲われ、「本郷ハウス」、沖縄の米軍施設、G2の施設となっていた川崎市下丸子の「東京銀行川崎クラブ」(略称・東川クラブ、通称T・C)などを転々とさせられた。東川クラブのコックであった山田善二郎が鹿地の家族に連絡し一九五二年一一月に捜索願が提出された。山田は一九五二年一二月五日に記者会見を開く。日中友好協会理事長の内山完造が社会党代議士・猪俣浩三に協力を申し入れ、事件の報道が鹿地の解放につながった。一二月八日には猪俣代議士を通じて鹿地亘の声明が法務委員会で発表され、一〇日に法務委員会で鹿地亘、内山完造、山田善二郎および岩崎邸(本郷ハウス)のボイラーマン、東川クラブの使用人、茅ヶ崎市菱沼海岸のUSハウス「C-31号館」の管理人らが、証言台に立った。

三鷹事件、下山事件、松川事件、衣笠丸事件など、占領期のさまざまな謀略事件の裏にキャノン機関の暗躍が指摘されるようになる。キャノン機関はGHQによる日本占領終了に際して解散し、ジャック・キャノンは帰国した。一九五二年二月以降、鹿地亘の監禁はキャノンからガルシェ大佐にひきつがれた。

鹿地亘の解放の端緒をつくった山田善二郎は、敗戦時には海軍の兵士だったが除隊後、米軍の日雇い人夫をふりだしに、一九四六年二月に占領軍の横浜通信部隊の将校食堂に就職。一九四八年五月に当時少佐だったジャック・キャノンの自宅のコックとなり、朝鮮戦争勃発後の一九五〇年にキャノンの家族が帰国すると、東川クラブに転じた。T・Cではコックの仕事にくわえて、囚われた同胞の監視役をつとめさせられていた。山田は、ジャック・キャノンの自宅に「斎藤国警長官(引用者注・斎藤昇国家地方警察本部長官)、田中警視総官(引用者注・田中栄一警視総監)、内山神奈川知事(引用者注・内山岩太郎神奈川県知事)を始めとし、中国生れの女優山口淑子、元右翼のゴロツキで現在は料理屋の主人(中略)など、不可解な人物が断えず出入りし」(鹿地亘・山田善二郎共著『〝だまれ日本人《ジャップ》!〟――世界に告げる「鹿地事件」の真実』理論社、一九五三年、五六ページ)ていたと、証言している。

どの程度の頻度で接触していたのかはわからない。だが、山口淑子とジャック・キャノンとの遭遇は、ただ一度のドライブ、ただ一度の「本郷ハウス」のパーティー出席にはとどまらないだろう。「本郷ハウス」とは、GHQに接収された岩崎茅町本邸(現在は都立庭園の旧岩崎邸庭園、旧岩崎家住宅は重要文化財に指定されている)の占領下の通称で、その一角にジャック・Y・キャノンの工作組織「キャノン機関」が置かれていた。

占領軍の兵士と日本人女性とのあいだに生まれ、養育を受けることのできなかった子どもたちのためにエリザベス・サンダース・ホームを設立した沢田美喜(一九〇一―一九八〇)の実家である。沢田美喜がキャノンと面識があったことはいうまでもない。

沢田美喜がエリザベス・サンダース・ホームを創設したのは一九四八年のことである。GHQ占領軍と日本女性とのあいだに生まれ、親の養育を受けることのできない子どもたちは、日米の国家の狭間にあって、いずれの側からも支援を受けることなく、戦後の混乱した社会に投げ出されていた。日本社会の排他性に加えて、GHQの側には、占領軍の男性と占領された地域の女性との関係を、その内実がどうであれ認めたくないという事情があった。

エリザベス・サンダース・ホームの運営にあたって、沢田美喜は占領軍の方針にあらがい、政治的な駆け引きの必要に迫られた。彼女は、連合国軍最高司令官総司令部参謀第二部(G2)の民間諜報局(CIS)で文書編集課長をつとめるポール・ラッシュ(一八九七―一九七九)にはたらきかけた。

この間の経緯については青木冨貴子『GHQと戦った女　沢田美喜』(新潮社、二〇一五年)がくわしい。ポール・ラッシュは関東大震災後のキリスト教青年会拠点の立て直しのために来日した後、日米開戦まで、聖路加国際病院建設、清里高原の開発、立教大学教授として活躍し、日米交換船で帰国後はアメリカ陸軍情報部の語学学校人事課長として日本語教育を担当、一九四五年九月に再来日した。GHQ占領期には、G2(参謀第二部)部長のチャールズ・ウィロビーの右腕であり、沢田夫妻が麴町に所有する邸宅を接収しCIS(Civil Intelligence Section　民間諜報局)の拠点として使用していた。CISハウスとも沢田ハウスとも称されたその場所では、戦犯リスト作成のための個人情報の収集のかたわら、日本共産党に関する情報収集も行われていた。加藤哲郎『ゾルゲ事件——覆された神話』(平凡社新書、二〇一四年)によれば、戦犯訴追を免れるための工作を占領軍の情報将校であるポール・ラッシュに依頼する者は少なくなく、また、収集された共産党情報は一九五〇年六月の朝鮮戦争勃発以降のレッドパージや、「伊藤律スパイ説」のフレームアップに使われた。

『李香蘭　私の半生』には、沢田美喜について、「パール・バック女史は日本のエリザベス・サンダース・ホームを訪れては沢田美喜さんたちと日本の混血孤児の引受けを話し合ったりしていた」(四〇一ページ)と言及している。

沢田美喜は、三菱グループを率いる岩崎財閥の当主・岩崎久弥の長女として生まれた。財閥創始者・岩崎弥太郎の孫娘にあたる。外交官・沢田廉三の妻となってアルゼンチン、中国、イギリス、フランス、アメリカに暮らした。沢田美喜とパール・バックとの交友は、一九三五年から翌年にかけての、夫のニューヨーク駐在時代にさかのぼる。パール・バックがちょうど『大地』(一九三一年)、『息子たち』(一九三二年)、『分裂せる家』(一九三五年)の三部作をまとめた頃である。パール・バックは一九三八年にノーベル文学賞を受賞している。一九三七年に勃発した日中戦争を背景に、ノーベル賞の選考にも複雑な国際政治と広報外交の力学が介在していた。

パール・バックの父親アブサローム・サイデンストリッカーは中国を布教の地に選んだ宣教師で、生後三ヶ月で中国に渡ったパール・バックは、英語中国語に通じるバイリンガルとして育った。米国で高等教育を受けたのち、ふたたび中国に渡り、彼女もまた宣教師としてまた文学教師として南京で教鞭をとり、南京大学の教員であったジョン・ロッシング・バックと結婚した。一九二七年には蔣介石の南京攻略に際して難を避け、九州の雲仙に滞在したこともある。

パール・バックは養子縁組の支援に熱心で、一九四八年にはウェルカム・ハウスを設立し、米国占領地のアジアの混血の孤児たちの教育支援や養子仲介に力を尽くした。沢田美喜のエリザベス・サンダース・ホーム設立と同じ年のことである。

『李香蘭　私の半生』には、沢田美喜と面識があるともなんとも書かれてはいない。長年の憧れの的であり、また、石垣栄太郎・綾子夫妻、さらにイサム・ノグチとの出会いのきっかけともなったパール・バックについては、ブロードウェイの作家たちからの紹介と、あたかも僥倖のように書かれている。パール・バックへの紹介を求めるなら日本でパール・バックとのあいだに太いパイプを持っていた沢田美喜に接触するのがいちばんの近道だったはずである。沢田美喜はエリザベス・サンダース・ホームの資金援助を仰ぐために一九四九年、一九五〇年と、あいついで渡米している。

パール・バックにしても、エレノア・ルーズヴェルトにしても、芸能人ではない。彼女たちと面会したいという願いを実現するために、山口淑子はいったいどのような人脈をたどったのだろう。一九五二年のサンフランシスコ講和条約発効以前、GHQ占領期の時代背景を考えれば占領軍関係の知己をたよったと考えることは不自然ではないだろう。けれどもそれについては、語られていない。

米国公文書館の山口淑子ファイルの情報には、根拠のないもの、調査不足の情報が少なくない。朝鮮戦争、中華人民共和国成立と冷戦の緊張の高まった時期の記録については、コミュニスト、スパイのレッテル張りや捏造が横行していたことを考慮しなければならない。マッカーシズムに翻弄されたハリウッドで仕事をするためのヴィザを求める日本の女優に対して、米国の情報機関の反応は過敏ともいえるものだった。ソビエトのスパイ、中国のスパイ、共産党シンパなどという報告を検証抜きに信じることはできない。

もっとも、彼女自身がCICファイルの存在を知り、それをチェックしていたとすれば、「「山口は戦時中、中国でスパイ教育を受けた」などという根も葉もない一文が修正されずに残っていた」ことが疑惑の中心だったわけではなく、それだけのことでヴィザが発給されなかったのではないということは、じゅうぶん理解できたはずである。

GHQ占領軍の情報戦の人脈から眺めると、山口淑子、沢田美喜、キャノン機関の点は線につながって見える。しかしながら占領され、支配された側は分断され、見え姿は対称的ではない。占領期日本の山口淑子と沢田美喜をつなぐ線は、分断されていたのかもしれず、実際のところふたつの隣接する点としてしか存在しなかったのかもしれない。

注1　春名幹男「キャノン中佐との恐ろしいデート：山口淑子さん追悼」『新潮社フォーサイト』二〇一四年九月一六日、http://blogos.com/article/94603/

第10章　香港映画の「李香蘭」

1　戦後の「李香蘭」ブーム

『李香蘭 私の半生』は、香港映画への出演について、一九五三年に米国への入国が拒絶された時期、「いつまでビザを待ってもいられないので、香港で『天上人間』という中国映画に出演し、翌一九五四年（昭和二十九年）三月、ひとまず日本に帰国した」（四一四ページ）とつけたしのように触れている。

『「李香蘭」を生きて』巻末におさめられた「李香蘭・山口淑子フィルモグラフィー」には、最後に一行「昭和二十二年以降も香港ショウブラザース作品には「李香蘭」名で出演」と注記されている。具体的には、一九五四（昭和二九）年『天上人間』〔香港ショウブラザース（邵氏影片公司）〕監督＝王元竜、一九五五（昭和三〇）年『金瓶梅』〔香港ショウブラザース〕監督＝王引／共演＝王豪・楊志・呉家驤、一九五七（昭和三二）年『一夜風流』〔香港ショウブラザース〕監督＝卜萬蒼／共演＝趙雷・洪波・紅薇、『神秘美人』〔香港ショウブラザース〕監督＝華克毅（若杉光夫）／共演＝趙雷が、あげられている。また一九五六(昭和三一)年には東宝と香港ショウブラザース合作に『白夫人の妖恋』監督＝豊田四郎／原作＝林房雄／共演＝池部良・八千草薫がある。この映画では、フィルモグラフィーには記されていないが、彼女のクレジットは、日本語では山口淑子、中国語では李香蘭、英語ではシャーリー・ヤマグチだった。

谷川建司「李香蘭神話の再生産と持続性」(『越境するポピュラーカルチャー――リコウランからタッキーまで』第一章、青弓社、二〇〇九年)は、それら一九五〇年代香港映画において彼女は「「李香蘭」の香港読みとして「リホンラン」と呼ばれていた。英語の表記で示すならば、満映時代の「李香蘭」がLi Xianglanであるのに対して、香港時代の「李香蘭」はLee Hsiang Lan」(三九ページ)だったと特記している。「李香蘭」は日中戦争下では北京語の発音で呼ばれ、戦後占領期から冷戦期にかけての香港映画では広東語の発音で親しまれたということである。

邱淑婷『香港・日本映画交流史――アジア映画ネットワークのルーツを探る』(東京大学出版会、二〇〇七年)は、アジア諸地域において、戦後にも李香蘭ブームがあったこと、なかでも「五〇年代から六〇年代にかけて、東南アジアにおける李香蘭ブーム」が特筆すべきものであったと、中国語圏の資料を分析している。

それはまず、戦後の山口淑子主演映画のアジアへの輸出から始まった。輸出先で、彼女の芸名はふたたび「李香蘭」と表記された。

一九五〇年代初期に山口淑子(李香蘭)主演作は、海外でもっとも高く売れ(平均一本一万ドル)、最大の人気を博していた。日本映画による外貨獲得の成功例であることは、輸出先でも、また国内でも知られていた。『情熱の人魚』(田口哲監督、一九四八年)、『流星』(阿部豊監督、一九四九年)、『醜聞(スキャンダル)』(黒澤明監督、一九五〇年)、『暁の脱走』(谷口千吉監督、一九五〇年)、『上海の女』(稲垣浩監督、一九五二年)などが日本から輸出されて高い評価を得た作品としてあげられる。[注1]『暁の脱走』は、新東宝製作映画のなかで華語(東南アジア等で用いられる中国語)の吹替えで配給された映画の第一号となった。たとえば当時の香港では日本映画の上映権と吹替えの費用はわずか三〇〇万円にすぎず、一本の香港映画の製作費(約八〇〇万円から一〇〇〇万円)にくらべてずっと利益率が高く、しかも元の日本映画は香港映画よりはるかに多額の製作費をかけた良質のものであった。「香港製日本映画」を利用して、南洋に多くの劇場を持っていた邵逸夫(ランラン・ショウ、一九〇七—二〇一四)は多額の利益をあげただろうと邱氏は指摘する。

邱氏は、台湾の資料『日治時期台湾電影史』から「李香蘭風靡台湾」の一節を引き、『帰国』(『ダモイ』佐藤武監督、一九四九年)や『流星』は、「李香蘭主演という宣伝広告だけを流せば、ただちに騒ぎとなった」、彼女が歌う主題歌は「すぐに台北市を席巻した」と紹介する。この流行現象について「五〇年代香港、またはアジアのこの日本映画ブームは、三〇年代から四〇年代までの「李香蘭ブーム」の一つの延長であるように理解してもよかろう」(『香港・日本映画交流史』一四一ページ)と考察している。

しばしば従来の視点は、戦前戦中戦後の日中映画交流史について、満映と日本映画との関係や、上海中心の中国映画と日本映画との関係、そして戦後は新中国の映画と日本映画の関係をそれぞれに分断し、そのつど二項関係に限定して、想い描くことが多かった。このような見取り図からは、ぬけおちがちだが、日中戦争期から冷戦期の変化を連続的にたどろうとするならば、香港、台湾、さらにシンガポールなど東南アジアに広がる中国語文化圏のなかで、李香蘭は、中国大陸とＧＨＱ占領下の日本の映画界からは姿を消したものの、他の諸地域において、ひきつづき観客に歓迎される大スターだったのである。

日中映画交流について、三〇年代から五〇年代六〇年代まで連続的に「貫戦期」の枠組みで読みなおす必要がある。一九四五年八月一五日の前後ですべてが変わったというのではない。新中国成立前後に、中国語映画の作り手や俳優がそっくり入れ替わった、あるいは姿を消したというのでもないだろう。中国語映画の伝播における華僑の投資者と観客の役割を重視する邱氏は、中国から南洋(シンガポール、マレーシア、ヴェトナム、タイ、カンボジア、インドネシア、フィリピン)にひろがる地政学的空間を視野に入れている。

「李香蘭」の流行は、映画だけではなかった。流行歌の領域でも、スターの輝きは過去のものではなかった。邱氏は、香港映画批評家の古蒼梧「乱世奇花話香蘭」(一九九二年)の回想を引いている。「五〇年代から六〇年代にかけて、ラジオをつければ、李香蘭の歌声が聞こえてくる。初期には『アメ売りの歌』、『戒煙歌』(映画『万世流芳』挿入歌)、『夜来香』、『海燕』、後期には『三年』、『情枷愛鎖』(映画『一夜風流』挿入歌)、『分離』、『梅花』(映画『神秘美人』挿入歌)、『只有你』、『河上の月光』

……。そのため、これらの歌のメロディや歌詞が未だに覚えられている。もちろん、李香蘭の独特な歌唱力、音色、音量に対する調節、歌の思想感情の演出、処理も印象強い[注2]」と。

日本語圏の観客や聴衆の知らない彼女が、そこで記憶されている。彼女は「李香蘭」を名乗り、チャイナドレスに身を包み、北京語のセリフまわしは流麗で、映画の主題歌と挿入歌で美声を響かせた。


この時期、製作配給で日本ともっとも深いかかわりをもったのは邵逸夫とその一族の関連会社である。邵逸夫は上海の富裕な商人の子どもとして寧波に生まれ、長兄の邵酔翁(一八九六―一九七五)が上海に創設した天一映画会社で映画人としての出発をとげた。一九二六年には三番目の兄の邵仁枚(ラミー・ショウ、一九〇一―一九八五)とともにマレー半島に移住して天一の映画配給の市場を開拓する。長兄に代わって責任者となった二番目の兄の邵邨人(一八九八―一九七三)は天一の社名を南洋映画会社に改称、日中戦争によって製作拠点を香港に移転する際に、「邵氏父子」と称した。

「李香蘭」主演の香港映画について『「李香蘭」を生きて』は、「香港ショウブラザース」作品と表記しているが、じっさいには、「邵氏父子」すなわち邵邨人親子の邵氏父子公司(ショウ&サンズ)の製作である。邵逸夫と邵仁枚による「ショウ・ブラザーズ(邵氏兄弟)」の事業が、「邵氏父子」の映画製作への援助と作品の配給にとどまらず、邵邨人を退任させ「邵氏父子」を映画配給に専念させて、自分たちの映画会社として「邵氏兄弟(香港)有限公司」を設立するのは一九五七年秋のことになる。ポスターでは『金瓶梅』『一夜風流』の製作会社は「邵氏製片廠」、『神秘美人』のプロデューサーは邵邨人と記されている。

一九五四年から五七年にかけて香港映画界の邵氏父子が主演女優として「李香蘭」を招いた理由について、邱氏は、「李香蘭」の「香港および東南アジア各地の市場価値」、「当時の北京語映画は歌唱片(歌謡映画)ブームに乗っていたので、李香蘭のような芸能人は香港映画界の求める人材だった」と分析する。「演技も歌唱も得意な上海女優とあまり変わらぬ女優の一人」(『香港・日本映画交流史』一四四ページ)として、李香蘭は歓迎された。さらにいえば、彼女はすべての映画で中国語を話す中国女性を演じ、その歌唱も容姿およびしぐさをふくむ身体表象も中国人女優に求められるものに他ならなかった。物語も共演者もすべて中国のものだった。「邵氏が山口淑子を招いたのは、彼女が日本人女優だからでなく、「中国人」の李香蘭だからだ」(同書、一八二ページ)と邱氏が断言したのは、そういう意味である。

一九五〇年代香港映画における「李香蘭ブーム」は、一九三〇年代から日中戦争終結にいたるまで中国語映画界を席巻した上海映画人と文化人の大陸からの脱出および越境と、香港、台湾などへの移動という大きな潮流とともにある。上海から香港に活動拠点を移した大物映画人には、張善琨(一九〇五—一九五七)、馬徐維邦(一九〇五—一九六一)、卜萬蒼(一九〇三—一九七四)らがいた。いずれも日本の占領下の上海映画界での活躍が仇をなして新中国に容れられなかった才能である。上海の中華電影での仕事を通じて、川喜多長政、「李香蘭」とも浅からぬ縁を結んでいた。香港映画に欠かすことのできない主題歌、挿入歌の作曲家である陳歌辛、梁楽音、姚敏らも、上海から移り住んだ。彼らは上海時代の李香蘭の映画と音楽の活動にもかかわっており、彼女が出演した香港映画にも楽曲を提供した。彼女は服部良一を香港映画界に紹介したので、服部は一九六〇年代はじめの香港映画のために複数の楽曲をもたらしている。上海の大物プロデューサー張善琨は香港と日本のあいだを往還し、心臓発作のために一九五七年、日本で息をひきとるめぐりあわせとなった。このように一九五〇年代の香港で、また日本で、日中戦時下の上海租界での経験を共有する映画人の交流が再開した。

彼女が『「李香蘭」を生きて』のフィルモグラフィーにあげている香港で製作した映画は、一九五四年『天上人間』(香港ショウブラザース〔邵氏影片公司〕、監督・王元竜)、一九五五年『金瓶梅』(香港ショウブラザース、監督・王引)、一九五六年『白夫人の妖恋』(東宝・香港ショウブラザース、監督・豊田四郎、原作・林房雄)、一九五七年『一夜風流』(香港ショウブラザース、監督・卜萬蒼)、『神秘美人』(香港ショウブラザース、監督・華克毅〔若杉光夫〕)である。彼女は一九五四年以降、九本の映画に出演しているが、そのうち五本(うち一本は東宝との合作)が、香港映画ということになる。これは片手間の仕事とはいえまい。

ただしこのなかで、『天上人間』に関しては、一九八七年の『李香蘭 私の半生』以降の文献で、一九九二年の『第一六届香港国際電影節：李香蘭(山口淑子)専題』香港市政局、二〇〇七年の『香港・日本映画交流史』もそのデータを踏襲しているのだが、フィルムはいうまでもなく、チラシ、ポスター、プログラム等の紙媒体の資料も存在が確認されていない。

一九五五年『金瓶梅』は、ポスター、プログラム資料によって、主題歌「身世飄零」の作曲に姚敏、挿入曲「蘭閨寂寞」「天公太不良」の作曲に梁楽音と、上海映画界・音楽界から香港に移住したスタッフの参加が認められる。

『一夜風流』は、トルストイ「復活」の翻案もの。この映画でうたわれた歌も姚敏の作曲だった。彼女は一九四七年には土方与志演出で、ソ連が提供したモスクワ芸術座の脚本による「革命に目覚める人間」という解釈で脚色された『復活』に主演している。香港映画『一夜風流』では、地主の御曹司との一夜の恋から身を持ち崩した娘が収容される監獄の場面をマカオでロケした。五日間の滞在で地元の人士に招かれ、彼女は「支那の夜」をうたった。

『神秘美人』で彼女は、戦時下の女スパイを演じた。――そういえば、日本ではほとんど映画評も出なかったが、一九五二年『上海の女』で彼女は、長崎で生まれた日本娘ではあるが、大陸で中国人の養父に育てられた「李莉莉」というヒロインを演じていた。戦争末期の上海を舞台に、汪兆銘政権と重慶との和平工作に苦心する養父と、特務機関の日本人男性への恋慕とのあいだで揺れるという役どころで、ほとんどのセリフは中国語だった。『上海の女』の「李莉莉」は、一九三〇年代四〇年代の満映と上海映画の「李香蘭」イメージと、一九五〇年代香港映画の「李香蘭」イメージのあいだを媒介する位置を占めていたともいえる。

映画会社は、「李香蘭の名前や国籍」に関する観客の疑問にあえて言及し「李香蘭は霧のように神秘であり、その本名は山口淑子か、李香蘭か。日本人か、中国人か」[注3]（「神秘美人李香蘭」『邵氏動態』

一九五七年一月)と宣伝したという。「これをみるかぎり、一般の香港人は李香蘭の正体についてあまり認識しなかったようである。認識しないというよりも、気にしないと言ったほうがいいかもしれない」というのが邱氏の見解である。

むしろ宣伝文は、どこかしら、「李香蘭」イメージの「霧のよう」な曖昧さと両義性との増殖に手を貸したようにも読める。

彼女は当時、国籍を尋ねられると「私はアジア人だ」と答えたと、邱氏に語ったという(『香港・日本映画交流史』一四四ページ)。ただし、香港紙のインタヴューに「私は中国人」と語ったという記事が出て、おそらく神経を尖らせたのであろう、米国公文書館の山口淑子ファイルに切り抜きがスクラップされている。

谷川建司氏は、逆説的に「死と再生を経た「李香蘭」には、もはやいくらでも再生可能な神話というポジションが付与されたと言ってもいい」(「李香蘭神話の再生産と持続性」三九ページ)と述べて、むしろその後、現在にいたる大衆文化領域とりわけマンガやゲームなどサブカルチャーにおける「李香蘭」イメージの再生産、増殖、変奏と持続が展開されていると論じている。

「李香蘭」主演の香港映画は、日本の観客にとっては幻のフィルムである。香港電影資料館にも所蔵はない。香港大学をはじめ、中国各地の有力大学で、邵氏の寄付を得て建築された研究棟、邵氏を顕彰するモニュメントがみられるというのに、彼らが製作したフィルムが散逸していることは残念でならない。

2　合作映画『白夫人の妖恋』

いまでは唯一、東宝と邵氏合作『白夫人の妖恋』だけがＤＶＤソフトとして流通している。山口淑子『戦争と平和と歌――李香蘭　心の道』（東京新聞出版局、一九九三年）には「企画が実現した映画『白夫人の妖恋』」の見出しで一節が設けられている。「中国の伝説『白蛇伝』の映画化で、私が東宝に持ち込んで実現してもらった企画です。／物語は――西湖のほとりに住む若者（池部良）を愛してしまった白蛇の化身（私）が、高僧のもとへ逃れた恋人を、妖術で水責めにして取り戻そうとし、自らも命を落とす――／幼いころ奉天（瀋陽）で義理の父・李際春将軍によく見に連れて行ってもらって胸躍らせた、あの連続映画『白蛇伝』を、自ら演ずるのですから力が入りました」（一〇九ページ）という。監督の豊田四郎（一九〇六―一九七七）自身、「そもそもの企画も、山口君から出されたということです」（奥野信太郎・豊田四郎・武井武雄座談会「「白夫人の妖恋」を見る」『キネマ旬報』一四九号、一九五六年七月）と述べている。

彼女が幼いころ奉天で見たという「連続映画『白蛇伝』」とはどのようなものであったのか。『戦時日中映画交渉史』（岩波書店、二〇一〇年）の著者である晏妮先生におたずねしたところ、一九二六年『義妖白蛇伝』ではないかとご教示たまわった。邵家の長兄、邵酔翁が監督した上海、天一映画の作品である。『白夫人の妖恋』成立に邵氏一族は深くかかわっている。

しかしながら、『戦争と平和と歌』の回想には、「香港との合作」および「邵氏」への言及は、まったくない。「私が東宝に持ち込んで実現」「東宝のカラー特撮第一作」(一〇九ページ)といった語りであるため、どうかすると東宝単独製作の映画と誤読されかねない。

今泉容子「白蛇伝映画における女の表象――日本文化圏での開花」(『国際日本研究』七号、二〇一五年)は、「ショウ・ブラザーズ」が、製作を東宝にはたらきかけたと書いているが、論拠はつまびらかにしない。

一方『香港・日本映画交流史』は、むしろ、技術の吸収、国際映画祭への進出、東南アジア映画市場の開拓という目的のために、五〇年代の邵氏はあえて「日本人の助手」、「従属的な役」、「不平等」の合作方式」に甘んじていたと注意を喚起している。日本のカメラマンと照明の技術に学ぼうとした邵逸夫は、『白夫人の妖恋』撮影にも立ち会ったという。特撮担当は円谷英二(一九〇一―一九七〇)で、イーストマン・カラーを用い、日本初のブルーバック撮影による合成で背景を埋めこむという手作業の高度な技を駆使した。この映画はベルリン国際映画祭で最優秀色彩映画技術賞を受賞した。

脚本の八住利雄(一九〇三―一九九一)は「このシナリオは、林(房雄・引用者注)氏の小説に中国の原典を参照して書いた。(中略)これは東宝で一年も前から企画されていたものであるが、今度ようやく香港の映画会社と提携して、イーストマン・カラーで製作されることになった。このシナリオも一年前に書いたのだが、監督も豊田四郎氏ときまったので、打合せの上いろいろと改訂した」(「「白夫人の恋」について」『キネマ旬報』一三五号、一九五五年一二月)とコメントしており、実際、早稲田大学演劇博物館には、異同のある複数のシナリオが所蔵されている。スタッフ名とキャスティングが記入されたヴァージョンと、そこが空欄になっているヴァージョンで、前者はより新しい改訂版であろう。古い版は冒頭の時代設定が「元の時代」である。『キネマ旬報』増刊の名作シナリオ集におさめられたシナリオはタイトル「白夫人の恋」で、冒頭の字幕は「元の時代」になっている。演劇博物館所蔵シナリオの新しい版は「宋の時代」で、こちらが映画版に近い。

もとより山口淑子の企画、林房雄(一九〇三―一九七五)の小説(『白夫人の妖術』扶桑書房、一九四八年)、八住利雄の脚本にさきだち、白蛇伝は中国でもっとも人口に膾炙する伝奇のひとつであり、数百年もの長きにわたり、芝居にも映画にも頻繁にとりあげられてきた。白蛇の化身である女性と人間との異類婚姻譚、そこに介入して妖怪を退治する道士(あるいは禅師、和尚)という三者からなる物語は、とくに白蛇＝女性の性格をさまざまに変容させながら、異なるテクストを生み出してきた。林房雄『白夫人の妖術』は、明末の短篇集「警世通言」のなかにある馮夢龍「白娘子永鎮雷峰塔」を辛島驍(一九〇三―一九六七)が邦訳して示したものに想を得たという。「白娘子永鎮雷峰塔」はすでに上田秋成「雨月物語」中の「蛇性の婬」の原話のひとつにかぞえられている。「白娘子永鎮雷峰塔」では蛇の化身は禅師の法力に屈して雷峰塔に閉じこめられるが、『白夫人の妖術』のヒロインは禅師に勝って夫とともに蓬萊を目指して長江をくだる。映画の白夫人と夫の場合は、この世の命を捨て、天空を舞いながら蓬萊を目指す。

先に引用した座談会「「白夫人の妖恋」を見る」で、奥野信太郎(一八九九―一九六八)は、和尚が二人の恋を許すという解釈は、恋人たちに同情して和尚を呪うという点で魯迅的であり「この映画は中華人民共和国に持っていったらたしかにうけるだろう」と発言している。

魯迅は「論雷峰塔的倒掉」(一九二四年)で、自ら若者に迷った白蛇と、すすんで彼女を娶った若者とのあいだを裂こうとする和尚を難じている。革命後の中国でも劇壇の共同研究がすすめられ、田漢(一八九八―一九六八)が「白蛇伝」の書き換えをこころみていた。辛島は「法海禅師を封建統治階級の強権の代行者としてあつかい、白夫人が白蛇の化身であるということは、人間並の取り扱いを許されぬ被圧迫婦人層の悲しい運命を象徴したものであると解釈」「被圧迫の婦人を代表する白夫人が、同じく被圧迫の婦人である青々(引用者注・青魚の精あるいは青蛇の精とも、『白夫人の妖恋』では小青、八千草薫が演じた)の努力と大衆の協力によつて、永く圧迫しつづけた雷峰塔を倒して、新しい自由の世界に現れるという趣向」(「まえがき――西湖の思い出――」『白夫人の妖恋』大日本雄弁会講談社、一九五六年)と紹介した。

八住利雄は「同じ題材をソヴェートでも映画化すると聞いたが、恐らく中共へ輸出する目的であろう。(中略)ソヴェートに負けないものを作り上げたい」(「「白夫人の恋」について」)と意気ごみを語った。

一九五〇年代の香港映画に限定しても、「フィリピン製「蛇魔」映画」や、「蛇妖」が人に化けて人間を誘惑するという北京語映画、広東語映画が、十指に余るほど公開されたようだ。日本映画では一九五三年溝口健二『雨月物語』が上田秋成「蛇性の婬」を踏まえている。一九五八年には日本初のカラー長編漫画映画『白蛇伝』が公開された。アニメーターの大塚康生氏は、もともとの企画は香港から『白夫人の妖恋』のアニメ版として持ちこまれたと証言している。注4 アニメ『白蛇伝』の企画は、旧満洲国の文教政策にたずさわり、戦後は東映動画のプロデューサーとして活躍した赤川孝一（小説家・赤川次郎氏の父）、風俗考証は、旧満洲国時代に日満文化協会および満洲芸文協会理事を務めた美術研究者の杉村勇造、これも旧満洲国時代には新京中央放送局アナウンサーであり満洲映画協会製作映画のナレーターの経験もある森繁久弥が声優を担当した。旧満洲国の風景・風俗の記憶、旧満洲映画協会の人材がかかわっている。

豊田四郎監督は『白夫人の妖恋』製作前に香港の白蛇伝映画を参照したが、そこではほとんどが、白夫人につき従う小青の話になっていたという。近年『青蛇転生』（一九九三年、香港、広東語）が、白蛇伝物語の青蛇を主役に据えたことで話題になったが、五〇年代にその原型があったということか。

『白夫人の妖恋』は、伝奇において有名なエピソードである「断橋産子」（ヒロインの白娘娘が壊れた橋のそばで人間の恋人・許仙とのあいだの子どもである蛟龍を出産する）、「許仙出家」（許仙が白蛇の化身である白娘娘との恋に惑わされ罪を犯したことを悔い、償いのために僧侶となる）、「蛟龍救母」（蛟龍が雷峰塔に封じられた母の白娘娘を救出する）などをカットしている。つまり異類婚からの出産、仏法の勝利、母子の情といった一連のシークエンスが削除されているのである。古蒼梧は、この改変による李香蘭の白娘娘は、（男女の）愛情に強く執着し、時にきわめて獰悪ですらあり、中国の人情には合わないものの、より複雑で悲劇的だと評している。注5

香港の「李香蘭」が歴史に埋もれた背景には、フィルムの散逸に加えて、日本映画界の香港映画観、中国における映画と政治の問題など、複数の事情があろう。

かつての日本の映画人における香港映画に対する評価は低く、合作に招かれても「「落ちぶれた」という心理があったことは否めない」と『香港・日本映画交流史』は指摘する。

「李香蘭」は日中戦争の終結とともに、象徴的には、死を迎え、戦後彼女は山口淑子として（英語圏ではシャーリー・ヤマグチとして）転生したのだ、というのが、彼女自身の語りによる神話化された言説である。とすれば、一九五〇年代の香港映画、日本・香港合作映画における活躍は、説明のつきにくい、語りにくい部分だったかもしれない。そのうえ一九五〇年代の「李香蘭」ブームに言及するためには、中国語映画の越境と複数性をみとめないわけにはいかず、それは冷戦期における外交官夫人であり保守政治家でもあった彼女にとってたやすいことではなかった。

そもそも中国映画研究者のあいだで、一九三〇年代の上海租界の映画については黙殺されるか、漢奸よばわりされるといった政治的な選択が長く続き、上海から冷戦期の香港へ越境し移動した映画人の動向について、語られることがあまりに少なかった。その研究はようやく端緒についたばかりである。

注1　邱淑婷『香港・日本映画交流史』は一九五五年『映画年鑑』(日本)を参照して次のように述べる。「それぞれの国における日本劇映画最低上映使用料は、つぎのようである。米国2100ドル、南米1200ドル、台湾2500ドル、香港6000ドル、インドネシア2500ドル、タイ1500ドル、フィリピン2000ドル、インド5000ドル、沖縄300ドル。これをみれば、李香蘭ものの商業価値がいかに高かったかがうかがえよう」(一四一ページ)

注2　古蒼梧「乱世奇花話香蘭」『第一六届香港国際電影節：李香蘭(山口淑子)専題』香港市政局、一九九二年、一〇ページ、香港電影資料館蔵、翻訳は邱淑婷『香港・日本映画交流史』一四四ページに従う。

注3　翻訳は『香港・日本映画交流史』一四四ページに従う。

注4　http://www.yk.rim.or.jp/~rst/rabo/ohtuka/hakujyaden-uragawa.html「大塚康生氏インタビュー　日本初のカラー長編アニメーション『白蛇伝』制作の裏側」取材・構成／叶 精二

注5　注2に同じ。「乱世奇花話香蘭」一二ページ。翻訳は『香港・日本映画交流史』一八四ページに従う。

あとがき

はじめて米国公文書館の調査におもむいた際、「山口淑子」個人ファイルがあることを教えてくれたのは、『アメリカ映画と占領政策』(京都大学学術出版会、二〇〇二年)を上梓されたばかりの谷川建司先生だった。その調査旅行の一員にくわえてくださったのは、『占領期メディア分析』(法政大学出版局、一九九六年)を刊行して以来、当時は、20世紀メディア研究所(早稲田大学)所長でプランゲ文庫の雑誌新聞のデータベース(現・20世紀メディア情報データベース)構築にたずさわっていらした山本武利先生である。20世紀メディア研究所は、所属も専攻も問わない出入り自由の学際的かつ国際的な共同研究の場で、ここに参加したことで得られたものははかりしれない。インテリジェンス(諜報・情報)研究における米国公文書館の個人ファイルの意味と活用の仕方については近年『「飽食した悪魔」の戦後――731部隊と二木秀雄『政界ジープ』』(花伝社、二〇一七年)、『七三一部隊と戦後日本――隠蔽と覚醒の情報戦』(花伝社、二〇一八年)を著している加藤哲郎先生が説いてくださった。この十数年ものあいだ、国内外のアーカイブを訪れては資料を集め、読みすすめる旅が、わたしの研究生活に欠かすことのできない一部になった。上海、香港では、『戦時日中映画交渉史』(岩波書店、二〇一〇年)の晏妮先生にお世話になった。

前任校、日本映画大学の名誉学長・佐藤忠男先生には、学術振興会科研費基盤研究(B)「一次資料調査と史的考察により諸学を融合する人文科学としての東アジア映画学の構築」の共同研究を通じて助言をいただいた。

『李香蘭 私の半生』の共著者である藤原作弥氏にも、折にふれ、ご助言ご助力をたまわった。

李香蘭、山口淑子、シャーリー・ヤマグチ……旧満洲国、上海租界、日本、アメリカ、香港……どこにいても、どのように名乗っていても彼女は謎めいたスターだった。その謎めいた彼女をモデルにした小説が書かれ、映画が何本も撮影され、彼女はそれを演じた。散逸したとされる、幻の主演映画も少なくない。

彼女が主演した映画を読み、自伝を読み、活字化される以前の公文書を読みながら、それらのテクストは二〇世紀の戦争の時代をつらぬく、壮大なミステリを織りなしているのではないかというおもいにとらわれることがあった。テクストのほころびやゆらぎ、証言の時系列の齟齬を読み解いて、一次資料を掘り起こし、参照し、また愚直に読みすすめる。ひとつ謎が解けたかとおもうと、そこから新たな謎が生じる。そんな繰り返しだった。ミステリを解いているつもりだったのに、新たなミステリを生み出していたようでもある。神話を遠く離れて、ここからまた始めなければならない。

一九三〇年代から五〇年代にかけてのアジア・太平洋戦争からGHQ占領期、冷戦期のメディア研究、プロパガンダ研究、インテリジェンス研究の課題と方法論については、山本先生につづいて土屋礼子先生が所長となった20世紀メディア研究所の月例研究会や国際シンポジウムを通じて学び、鍛えられた。

20世紀メディア研究会、NPO法人インテリジェンス研究所の課報研究会のほか、五味渕典嗣先生の肝煎りで大妻女子大学の草稿・テキスト研究所のシンポジウムにおいても口頭発表、報告をさせていただいた。20世紀メディア研究所の機関誌『Intelligence』、岩波書店『図書』に論文、エッセイを寄稿した。それらが本書の核をなしているが、単行本化にあたり大幅に構成を変え、加筆改稿した。『図書』連載にあたって、はじめ太田順子氏に、つづいて清水御狩氏に御世話になった。清水御狩氏には本書の単行本化についても担当していただいた。

本研究はJSPS科研費課題番号、JP15H03180、JP17K02387、JP17K02430の助成を受けた。

主要参考文献

青木冨貴子『GHQと戦った女 沢田美喜』新潮社、二〇一五年
晏妮『戦時日中映画交渉史』岩波書店、二〇一〇年
『石垣綾子日記』上下巻、岩波書店、一九九六年
稲垣浩『日本映画の若き日々』毎日新聞社、一九七八年
岩野裕一『王道楽土の交響楽 満洲——知られざる音楽史』音楽之友社、一九九九年
延禎『キャノン機関からの証言』番町書房、一九七三年
尾西康充・濱川勝彦・半田美永・秦昌弘編著『丹羽文雄と田村泰次郎』日本図書センター、二〇〇六年
影山巍『実用速成北京語』文求堂、一九四〇年
鹿地亘・山田善二郎『〝だまれ日本人《ジャップ》！〟——世界に告げる「鹿地事件」の真実』理論社、一九五三年
加藤哲郎『ゾルゲ事件——覆された神話』平凡社新書、二〇一四年
ドナルド・キーン、河路由佳『ドナルド・キーン わたしの日本語修行』白水社、二〇一四年
『北支那開発株式会社及関係会社概要』昭和一五年度、北支那開発、一九四一年
宜野座菜央見『モダン・ライフと戦争——スクリーンのなかの女性たち』吉川弘文館、二〇一三年
邱淑婷『香港・日本映画交流史——アジア映画ネットワークのルーツを探る』東京大学出版会、二〇〇七年
多川精一『焼跡のグラフィズム——『FRONT』から『週刊サンニュース』へ』平凡社新書、二〇〇五年
谷川建司「李香蘭神話の再生産と持続性」『越境するポピュラーカルチャー——リコウランからタッキーまで』青弓社、二〇〇九年
田村泰次郎『わが文壇青春記』新潮社、一九六三年
辻久一『中華電影史話 一兵卒の日中映画回想記 1939-1945』清水晶校註、凱風社、一九八七年
ドウス昌代『イサム・ノグチ——宿命の越境者』上下巻、講談社 二〇〇〇年、講談社文庫 二〇〇三年

那須清編『北京同学会の回想』不二出版、一九九五年
ピーター・B・ハーイ『帝国の銀幕――十五年戦争と日本映画』名古屋大学出版会、一九九五年
ハーバート・パッシン『米陸軍日本語学校――日本との出会い』加瀬英明訳、TBSブリタニカ、一九八一年
晴気慶胤『謀略の上海』亜東書房、一九五一年
春名幹男『秘密のファイル――CIAの対日工作』上下巻、共同通信社　二〇〇〇年、新潮文庫　二〇〇三年
平野共余子『天皇と接吻――アメリカ占領下の日本映画検閲』草思社、一九九八年
福田清人『大陸開拓』作品社、一九三九年
『復刻版　映画検閲時報』不二出版、一九八六年
古川隆久『戦時下の日本映画――人々は国策映画を観たか』吉川弘文館、二〇〇三年
堀田善衛『上海日記　滬上天下一九四五』紅野謙介編、集英社、二〇〇八年
益井康一『新版　漢奸裁判史 1946–1948』劉傑解説、みすず書房、二〇〇九年
三澤真美恵『「帝国」と「祖国」のはざま――植民地期台湾映画人の交渉と越境』岩波書店、二〇一〇年
メリニコワ　イリーナ「『私の鶯』に写った李香蘭の神話と現実」(内山ヴァルーエフ紀子訳)『女たちの満洲――
多民族空間を生きて』生田美智子編、大阪大学出版会、二〇一五年所収
山口淑子『戦争と平和と歌――李香蘭　心の道』東京新聞出版局、一九九三年
山口淑子『「李香蘭」を生きて――私の履歴書』日本経済新聞社、二〇〇四年
山口淑子・藤原作弥『李香蘭　私の半生』新潮社　一九八七年、新潮文庫　一九九〇年
山本武利『占領期メディア分析』法政大学出版局、一九九六年
山本武利『日本のインテリジェンス工作――陸軍中野学校　731部隊　小野寺信』新曜社、二〇一六年
山本武利編者代表、石井仁志・谷川建司・原田健一編『占領期雑誌資料大系　大衆文化編』全五巻、岩波書店、
二〇〇八―二〇〇九年
山本武利編者代表、川崎賢子・十重田裕一・宗像和重編『占領期雑誌資料大系　文学編』全五巻、岩波書店、
二〇〇九―二〇一〇年

四方田犬彦『李香蘭と原節子』岩波現代文庫、二〇一一年
四方田犬彦・晏妮編『ポスト満洲 映画論――日中映画往還』人文書院、二〇一〇年
劉傑『漢奸裁判――対日協力者を襲った運命』中公新書、二〇〇〇年

今泉容子「白蛇伝映画における女の表象――日本文化圏での開花」『国際日本研究』七号、二〇一五年
榎本泰子「中国音楽史から消えた流行歌――もう一つの「夜来香ラプソディー」」『東洋史研究』六九巻三号、二〇一〇年
尾西康充「田村泰次郎研究(一)――「肉体の門」自筆原稿の検討」『三重大学日本語学文学』一六号、二〇〇五年六月
尾西康充「田村泰次郎「肉体の悪魔」論――中国山西省を訪れて(附：和平劇団手帳資料)」『人文論叢 三重大学人文学部文化学科研究紀要』二〇〇七年三月
影山澈「上海日僑中学生の終戦日記」『平和の礎――海外引揚者が語り継ぐ労苦』第一二巻、平和祈念事業特別基金編、二〇〇二年
加藤厚子「映画法施行以降における映画統制――映画新体制を中心に」『メディア史研究』一〇号、二〇〇〇年一〇月
川崎賢子「GHQ占領期の出版と文学――田村泰次郎「春婦伝」の周辺」『昭和文学研究』五二集、二〇〇六年三月
川崎賢子「映画「支那の夜」に対する検閲の多元性――米国公文書館所蔵IWG文書を参照して」『Intelligence』一七号、二〇一七年
川崎賢子「李香蘭研究の新視角――米国公文書館「山口淑子ファイル」の検証から」『Intelligence』一六号、二〇一六年
黄漢青「支那語研究舎の変遷及びその実態――支那語研究舎から北京同学会語学校までを中心として」『慶應義塾大学日吉紀要 言語・文化・コミュニケーション』三九号、二〇〇七年

邵迎建「『花街』と『春江遺恨』(狼火は上海に揚る)――権力・宣伝・文化工作者」『Intelligence』一八号、二〇一八年
邵迎建「忘れられた細部――張愛玲と李香蘭「納涼会見記」補遺」『UP』二〇〇二年五月
テッサ・モーリス＝スズキ「民主主義の境界は隙だらけ――スパイ活動、密輸などで形成された日本の貫戦期レジーム」谷川舜訳『Intelligence』一六号、二〇一六年
関口智子「『支那の夜』研究――封切版(一九四〇)とその後の変遷」『PHASES 5』首都大学東京大学院 人文科学研究科 表象文化論分野、二〇一四年一一月
平田雄二・岡崎猛郎ほか「検閲の窓から　日本映画界について(完)」『新映画』昭和一六年八月号
藤井省三「李香蘭と張愛玲――一九四五年七月の上海納涼会」『ユリイカ』二三巻一一号、一九九一年一〇月
矢野目直子「日中戦争下の上海に生きた映画人――張善琨(上)」『中国研究月報』vol. 51、一九九七年三月
山口淑子・谷川建司・川崎賢子「語る李香蘭――山口淑子インタビュー」『Intelligence』八号、二〇〇七年
山口淑子・藤原作弥対談「李香蘭が見たモダン上海」『東京人』二〇〇六年一一月号
渡辺直紀「満映映画のハルビン表象――李香蘭主演『私の鶯』(一九四四)論」『武蔵大学　人文学会雑誌』四九巻一号、二〇一七年一二月

アジア歴史資料センター　レファレンスコード(Ref.)A03023867900
アジア歴史資料センター　Ref. B02030475200
アジア歴史資料センター　Ref. B02030476300
アジア歴史資料センター　Ref. B02030476400
アジア歴史資料センター　Ref. B02030476500
アジア歴史資料センター　Ref. B02030476900
アジア歴史資料センター　Ref. B05015355700
アジア歴史資料センター　Ref. C01002894500

アジア歴史資料センター　Ref. C05022762600
アジア歴史資料センター　Ref. C11110451600
アジア歴史資料センター　Ref. C14030039300
アジア歴史資料センター　Ref. C14030040000
アジア歴史資料センター　Ref. C14030040100
アジア歴史資料センター　Ref. C14030245100
アジア歴史資料センター　Ref. C14030245300
アジア歴史資料センター　Ref. C14030248600
アジア歴史資料センター　Ref. C14060165800

米国公文書館
ＩＲＲ文書　山口淑子ファイル
ＩＷＧ文書　Shina no Yoru
ＯＳＳ文書　一九四四年ＯＳＳ作成「日本映画——心理戦の位相」(“Japanese Films: A Phase of Psychological Warfare [Report No. 1307]”)

主要人名索引

あ 行

か 行

さ 行

た 行

川崎賢子
東京女子大学大学院文学研究科修了．博士(文学)．文芸評論家，立教大学特任教授．
主な著書に，『少女日和』(青弓社，1990年)『蘭の季節』(深夜叢書社，1993年)『彼等の昭和──長谷川海太郎・潾二郎・濬・四郎』(サントリー学芸賞，白水社，1994年)『宝塚──消費社会のスペクタクル』(講談社選書メチエ，1999年)『読む女書く女──女系読書案内』(白水社，2003年)『宝塚というユートピア』(岩波新書，2005年)『尾崎翠　砂丘の彼方へ』(岩波書店，2010年)『占領期雑誌資料大系　文学編』(共編著，岩波書店)ほか．

もう一人の彼女
李香蘭／山口淑子／シャーリー・ヤマグチ

2019年3月26日　第1刷発行

著　者　川崎賢子《かわさきけんこ》

発行者　岡本　厚

発行所　株式会社　岩波書店
〒101-8002 東京都千代田区一ツ橋2-5-5
電話案内 03-5210-4000
http://www.iwanami.co.jp/

印刷・三陽社　カバー・半七印刷　製本・牧製本

ISBN 978-4-00-025324-6　　Printed in Japan